トイレになった男
衛生技師トーマス・クラッパー物語

ウォレス・レイバーン 著　クサミナオキ 訳

FLUSHED WITH PRIDE　The story of THOMAS CRAPPER

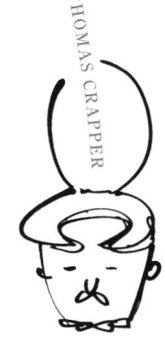

図1　トーマス・クラッパーの署名入り写真（1895年）
　　　写真提供：クラッパー社（英国）

目 次

第1章
　本国が称えなかった先駆者 7
第2章
　チェルシーの少年水道工 13
第3章
　確実な水洗も節水も ──「引き流し」式トイレの誕生 19
第4章
　鎖が動かなくなるのは…… 28
第5章
　どうか音がもれませんように！ 32
第6章
　水道工事は命がけ 36
第7章
　4枚の王室御用達認可状 43
第8章
　花のサンドリンガム時代 49
第9章
　「産業スパイ」トワィフォードとともに 55
第10章
　現場の発明家 67

第11章
　時代に先がけて 78
第12章
　座りごこちも快適に 86
第13章
　ある画家の回想 91
第14章
　トイレの異名さまざま 95
第15章
　トイレットペーパーの変遷 108
第16章
　さて，後継者は？…… 113
第17章
　道のおわり 121

付録
　クラッパー社の再興 130
　　——訳者補足——

訳注 136／参考文献一覧 207

訳者あとがき 213

図2 1908年頃の宣伝物に描かれたクラッパー社（1966年閉鎖）建物は現存して，高級洋品店となっている．社名の下に「衛生技師」「国王および皇太子の御用達」と記され，その左側に国王紋章，右側に皇太子バッジが掲げられている．

トイレになった男
衛生技師トーマス・クラッパー物語

第1章
本国が称えなかった先駆者

「予言者は故郷では尊敬されない」という格言があるが, そのもっともよい例がトーマス・クラッパーだ. その先見の明, 発明の才, 忍耐の力で人間生活に大いに貢献したが, 英国でその名がサンドイッチ伯爵のように敬愛をもたれたことがあっただろうか?

私たちがサンドイッチを注文するとき, ゲームのテーブルからはなれる時間をへらすためにそれをかんがえだした者への感謝を, かならず言葉であらわしている. つまり, この人の創造力に最高の尊敬をはらって, その名を普通名詞としてつかっているのだ.

チェスタフィールド伯爵, ダヴェンポート伯爵, カーディガン伯爵, ウェリントン公爵も同様で, それらの名前はすべて私たちの日常語になっている. たとえば,「チェスタフィールドにおすわりになりませんか?」といわれなかった人はいないはずだ. しかし, あわれなクラッパーはどうだろうか?「手を洗

いにゆかれるのですか?」というのが，日常生活を快適にすべくサンドイッチなみ（いや，以上だろう）に貢献してくれた人物へのお粗末きわまる感謝のあらわしかたなのだ．

　クラッパー（crapper）という普通名詞がうまれなかったのは，英国特有の紳士気取りのためだといわれるかもしれない．たしかに，うえにあげた者たちはみな英国貴族であり，トーマス・クラッパーは平民にすぎない．しかし，マッキントッシュ，マカダム，ボウラー，グラッドストーン，ワット，ブルーマなど(5)平民発明家たちの名も日常語になっているから，その主張には同意できない．ついでに，女性がブルーマ夫人ひとりなのは，女性差別によるものと指摘しておこう．私たち英国人は外国の発明家たちにも賞賛をおしまず，ディーゼル，ファーレンハイト，オーム，ヴォルト，ステットソンのような普通名詞をもう(6)けいれた．国籍をとわず，先駆者には敬意をはらって日常生活をおくっているのである．だが，あわれなクラッパーがそのように遇されることはなかった．

　このクラッパーを正当に認めてくれたのは，アメリカ人である．近年になって，米語の普通名詞（俗語）「クラッパー」を用いた造語が大西洋をこえて伝えられ，皮肉にも，英国人は遅ればせながらも間接的に，チェルシーの先駆者に敬意をはらう(7)＊1〜2(8)ようになった．

トーマス・クラッパーは1837年にヨークシア州の町ソーン の貧しい家でうまれた．その年にヴィクトリア女王が即位し，クラッパーが活躍することになるヴィクトリア時代［-1901］がはじまった．

　クラッパーの兄ジョージの孫娘，最後の直系親族で，私の執筆をおおいに助けてくれたイーディス・クラッパーの手紙には，祖先はオランダからの移住者で，姓Crapperの頭文字はKだった，という説明のあと，Cにかわった理由についての意見もかかれていた．「私の考えでは，英国ではKrapperという綴りは変だったからです．」

　ところで，『英国苗字辞典』は，Crapperはヨークシア州で数百年まえからしられた，きわめて古い英国姓，としている．原形はCropperであって，Butcher, Baker, Carpenterなどの造られ方と同様に，作物を収穫する仕事にたずさわる人をあらわす名前であった．上記辞書によれば，その綴り中の-o-が-a-になったCrapperという変形は，1315年のある教区記録簿に最初にあらわれており，それはAlice Le Crappereという姓名である．

　しかし，オランダ系という点では，イーディスはただしいかもしれない．ソーンはドンカスターにちかい沼沢地帯にあり，昔はもっと湿気ていて，「点在する州には野鳥獲りや漁師がすんでいた．」1609年，当時有名だったオランダ人技師，コルネリウス・ヴェルムィデンが干拓のためにまねかれ，作業をする

オランダ新教徒たちをつれてきた．

　先祖がどうであれ，19世紀初めにはクラッパー一族は，裕福ではないにしろ，ヨークシアにしっかり根づいていた．トーマスの父，チャールズは稼ぎのすくない船乗り［クラッパー社ホームページによれば，蒸気船の船長］で，1825年に母のサラは1シリング10.5ペニーの税支払いを滞らせた．以来，1830年代初めまで，滞納しなかった年はほとんどなく，1833年4月にその総額は1ポンド2ペニー［旧制で1シリングは1／20ポンドまたは12ペニー］になった．だが，母は息子5人をなんとか育てあげ，みなドン川のソーン波止場にある造船所やその関連企業ではたらくようになった．今日とおなじく，造船は採炭とともにソーンの主要産業であったが，19世紀半ばには仕事の口はへってきたらしい．

　こうして，トーマス少年は，故郷をでて定職につこうとかんがえるようになった．

　この物語の主人公の生涯を私がよく調べはじめたとき，おかしな，ふたつの事実につきあたった．つまり，

　(a) 生まれが1837年，

　(b) 職探しにヨークシアからロンドンまで歩いていったのが1848年．

　これでは，トーマスがソーンから165マイル［約265km］を歩いて，水道屋の徒弟になったのは11歳のときになる．あき

図3 1848年，ヨークシアからロンドンにむかうトーマス・クラッパー（遠景はロンドンのウェストミンスター修道院）
（イーディス・クラッパー絵）

らかにどちらかが誤りとかんがえた私は，ふたつの資料を再度たしかめてみた．そのまえにヴィクトリア時代初期を研究するだれかにきいたならば，骨折り損だとすぐにいってくれただろう．今日では理解しがたくても，当時では11歳での就労は異常ではなかったのだから．

　J. H. クラパムの『ヴィクトリア時代初期（1830～1865年）の英国』から引用しておこう．「1843年の議会報告書によれば，全国で定職に就いたのは一般に7歳と8歳の間だったから，就労年齢を9歳に規制する初期『工場法』[15]の試みは［児童］虐待状況の改善のみならず，通常の労働慣行の改革でもあった．」

　しかし，わずか11歳でのロンドンまでの長い徒歩旅行は，おおくの少年にできたことではなく，おさないトーマスのおおきな勇気をしめしている．といっても，現代の子供たちにそのような行動を期待するわけではないが，当時の「不当な児童労働体制の犠牲」だったトーマス・クラッパーには幸い，その悪影響はのこらなかったようだ．この徒弟はよく働き，職人となっても充実した生活をおくり，やがて独立して成功をおさめ，73歳まで生きた．そして，最盛期には，王族と散歩することはなかったにしろ，依頼された衛生設備工事について話しあいをするほどにはなったのである．

第2章
チェルシーの少年水道工

　1848年，ロンドンにでてきたクラッパー少年は，チェルシーのロバート通り(ストリート)の水道屋(マースタ)(1)*1にやとわれた．チェルシーは勅認自治区(ロイヤル・バラ)(2)であって，クラッパーは終生この地区(ロイヤル)(3)*2に誠実であった．ロバート通りはキングズ・ロードにちかく，区役所［現在のオールド・タウン・ホール］の真向かいにあった．

　ついでだが，1848年には英国の偉大なクリケット選手W. G. グレイス(4)がうまれている．クラッパーとはまったく縁のないように思われるかもしれないが，巻末の章で述べるように，2人は「親友」になる運命だった．

　トーマスが屋根裏を借りていた家もロバート通りにあった．当時の労働者はみな職場か，歩いて通える所にすんでいた．(5)運賃1ペニーの乗合馬車(オムニバス)(6)には，週給わずか4シリングの徒弟工(7)*3トムはもちろん，大人の労働者ものることができなかった．のちにトーマスは，徒弟時代の忘れられない思い出は，手のあかぎれと霜焼けだとある友人に語っている．水をたえずあつかった

チェルシーの少年水道工　13

からだが，冷たさに耐えきれなくなると，格子のない火床にしばらく手をかざした．そして真冬の夜には，炉にいれておいた煉瓦をネル布につつんで寝床にもちこむことが許された．

電灯の出現にとても感動したとクラッパーは回想しているが，当時，すなわち1848年の資料をみると，大新聞の論調はひややかなものであった．「発生する光は極めて強力である．併しながら吾人(ごじん)の意見では，費用の掛かる実験玩具であって，その実用性たるや全く憶測の域を出ない．」(『絵入りロンドン新聞』)

ところで，当時の同紙をめくってみると，トーマス少年がロンドンに出てきた時代の世界激動がよくわかる．フランスの2月革命，イタリア，スイス，西ドイツ，オーストリア，ポーランドの革命や反乱に続き，アメリカはメキシコと死闘をくり広げていた．

英国ではおもにチャーチスト［憲章論者］たち，すなわち待遇改善をもとめる労働者たちが騒動をおこしていた．1848年4月15日にハイドパークで「超大デモ(モンスター)」がおきたときは，「武器をもって完全装備した首都警官と儀杖衛士(ペンショナズ)の二重の隊列」が「防弾のため鎧戸を閉めた」アプスリー館(ハウス)の付近でデモを制圧しようとした．「禁止された集会を始めたぞ！」という代議員たちの怒号とともに，「群衆の間に無秩序の兆候が現れ，幾つもの激流が合流した．その凄まじい勢いに警備の列は破られて，多くの人々が呑み込まれた．」

1960年代をおもわせる百年以上前のこのデモや,ほかのデモ行動のなかに,クラッパー少年がいたかどうかをしる術はない.闘士だったはずはないが,チャーチストたちが抗議していた週64時間労働に従事していたのはたしかだから,配管工として仲間たちに同調していたと結論づけることはできよう.

　のちに,クラッパーが自分の会社をもつことになるチェルシーは,魅力にあふれていた.かなり様変わりしたいまでも,昔の面影はのこっている.その景観の中心は川だった.1871年建設のチェルシー堤防が建物と川をへだてるまで,岸辺はチェイニー歩道(ウォーク)沿いの家,商店,旅館と調和していた.人びとは土手の木々のしたや,水ぎわの砂地にひっぱりあげられたボート,ヨットのそばを散歩し,資力があれば自分の桟橋をもって,ウェストミンスターに用事でくだったり,川のぼりをたのしんだりしていた.

　だから,チェルシーがターナー,レイ・ハントやトーマス・カーライルといった画家や作家をひきつけたのは不思議ではない.クラッパーがスウィンバーンのつまった排水管を掃除し,ホイッスラーの台所蛇口を修理し,クリスチーナ・ロセッティのビデを設置したというような記録はない.しかし,クラッパーがやっていたはずである.これら名士たちは近所にすんでいたのだから,上下水道の不具合や工事が必要なときは女中がたのみにきたにちがいない.

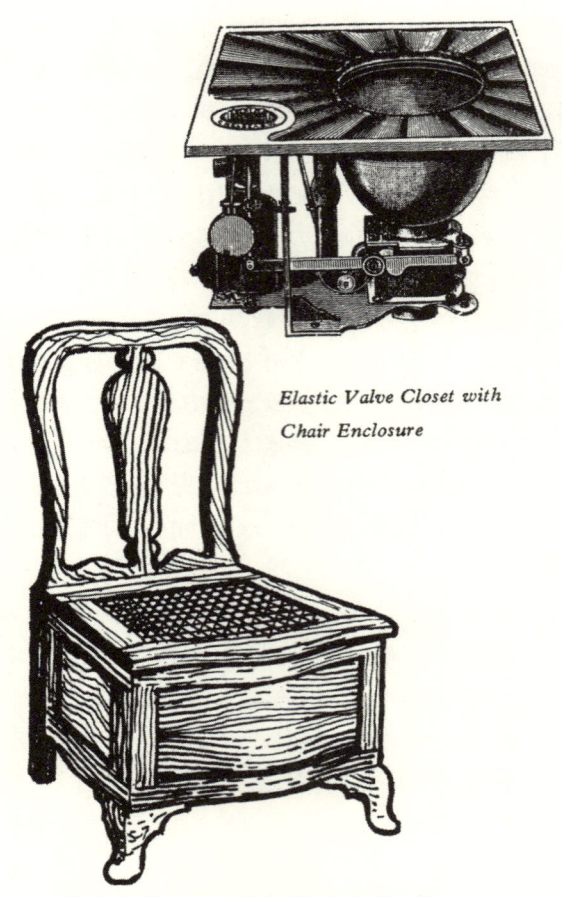

図4 伸縮仕切り弁つき便器と椅子型ケース

13年間勤勉にはたらいたクラッパーは，1861年にそばのマールバラ通り(ロード)で衛生工事業者として独立した．「トーマス・クラッパー・マールバラ製作所」(電信の宛先は"クラッパー，チェルシー")は通りの50番，52番，54番の地所〔片側〕にあったが，1930年代にはできたばかりのアパート群に呑みこまれた．しかも，その建設の間に通りの名称はなくなり，ドレイコット通り(アヴェニュー)の延長になってしまった．ロンドンには，マールバラを冠する通りがおおすぎたのだ．英国人は，ブレニム，ラミーイ，オウデナールデ，マルプラケで勝利した将軍マールバラ公爵をおおいに誇りにしたので，ロンドンの大拡張期に各自治区(バラ)はきそって，すくなくとも1つのマールバラ〔の地名〕をもとうとしたのだ．1930年代にはおおすぎるマールバラ通り[Roads, Avenues and Streets]が郵政局の気をくるわせるようになったので，そのいくつかを改名させた．それでもなお，ロンドンにはマールバラ通り[streets]がまだ33もある．

　クラッパーはよい時期に独立した．1861年，ロンドンでおくればせながらもテムズ川両岸にわたる第1次幹線下水道建設が開始され，水道工事ブームがまきおこり，つづく4年で83マイル[約133キロ]におよぶ下水道網がつくられることになったからである．わが主人公は同業者たちとともに仕事に忙殺された．

　クラッパー社の営業担当者たちは出ずっぱりで，マールバラ

製作所は忙しさにうれしい悲鳴をあげた．モルタル塗りの2階建て社屋に彩りを添えるアーチ通路は中庭と真鍮(しんちゅう)鋳造場に通じ，そこから鋳物はうえの仕上げ場にいった．2階には事務所と展示場もあった．店は1階奥の倉庫につづいていたが，そのカウンターの上面は目の高さほどあった．ヴィクトリア時代には，店員が引っこんだとき，顧客は自分の手を商品からはなしておかないと信用されなかったのだろう．そして，1階の大部分をしめていたのは，これから紹介する，クラッパーの傑作をつぎつぎと生みだした水槽(シスタン)製作場だった．

第3章
確実な水洗も節水も
——「引き流し」式トイレの誕生

　クラッパーが発明したもので，もっとも優れ，かつ，もっとも長期間つかわれたのは水洗トイレの改良型水槽(シスタン)[(1)]であり，その開発のきっかけとなったのは1872年首都水道条例の実施である．

　この条例の制定は，水道工事でのおおきな障害をとりのぞく決め手となった．当時は，今日の首都水道局のようなロンドン全都への給水を管理する役所はなく，水道会社が8つもあった[(2)]のが，水道工事業者たちの悩みの種であった．それぞれの社が独自の水道施設規格・基準をきめていたから，A社区域とB社区域をむすぶ配管接続は厄介だった．それがこの条例で統一されたのである．

　さらに，この条例は，住民のトイレで消費される，すさまじい水量の削減も要求していた[(3)]．

　当時の水洗トイレにも水槽はあったが[(4)]*1，洗浄管(フラッシュ)への出口の栓(バルブ)

は，鎖を引くとあがって水をだし，手をゆるめるとさがって出口をふさぐだけだった．しばしば引いた鎖をくくりつけてしまうばあいもあり，そうすると栓はあがったままで，水は流れっぱなしになった．そのつど鎖を引くのが面倒な不精者や，便器(ボウル)のすこしの汚れも気になる，たいそうきれい好きがいたからである．

この「水漏れ」に給水をつかさどる商務局はひどく困っていた．そんな連中がふえて，すべての貯水タンク(レザヴォワル)がひあがり，渇水と悪疫におそわれることを恐れたのである．

そしてもう1つ難題があったが，これは鎖の引きっぱなしよりも重要でないようにみえた．それは，水槽栓(バルブ)製造業者たちがいくら努力しても，栓のぴったりした嵌(は)まりを長期間保証できないことであった．どの栓も使用初期には水漏れしないのだが，間もなく水洗後に定位置にはまらなくなる．

このぽたぽた漏れが全戸だと数万滴垂れおちるのだから，商務局が頭をかかえるのも当然だろう．そこで，漏水防止器の開発が奨励されたのである．

業界で「漏水防止器」と長年よばれてきた装置が近代の水洗便器用水槽(シスタン)なのだが，その発明者をトーマス・クラッパーとするのは正しくないだろう．たとえば，ディーゼル機関(エンジン)の発明者がディーゼルであるほどには明白でないのだから．しかし，ちょうど百年まえ［1869］にワットとほかの人びとの努力がワッ

トの「最初の実用蒸気機関(エンジン)」の製作となって結実したように,おおくの配管工が挑戦しつづけたすえに生まれたのが,「可動部はただ一つで,かるく引けば完全洗浄.わずか水槽の3分の2の量で水洗完了」と宣伝された「クラッパーの栓(バルブ)なし漏水防止器」なのである.いいかえれば,クラッパーは今日世界中でつかわれているトイレ用水槽を完成したのである.

その原理は,まず上に(！)水を流してやることだった.図5をみれば,仕組みがわかるだろう.実際の構造をしりたいなら,身近にあるの水槽(シスタン)の蓋をあげれば,クラッパーとその助手たちがヴィクトリア時代にマールバラ工場で開発した実物そのものが目にはいる.

主要動作部は,図5上部の縦断面図で便器にまで通じる中央の管［洗浄管上部］の左側にある円筒室(チェインバ)である.この断面図をよくみると,円筒の下端は水がはいれるように水槽(タンク)底面からわずかにはなれており,円筒内の下にある円板は鎖のついた棒(ロッド)に固定されている.この円板があがると,水がもちあげられ,仕切られた中央管上部のせまい側をのぼり,ひろい右側にあふれだす.管の上端部は,空気がはいっていられるよう,水槽内の水位よりうえに出ていなくてはならない.円筒室からの水がこの空気を押しだすことでサイフォン現象がおこり,水槽内の水はすっかり吸いあげられて,洗浄管内をどっとくだるのだ(クラッパーによれば,便器を完全にきれいにするには,放水には

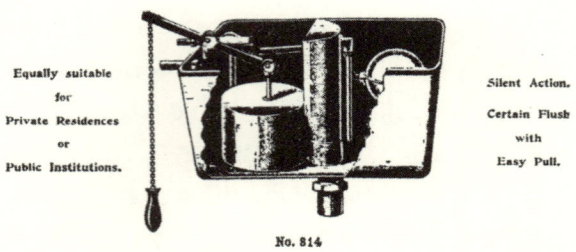

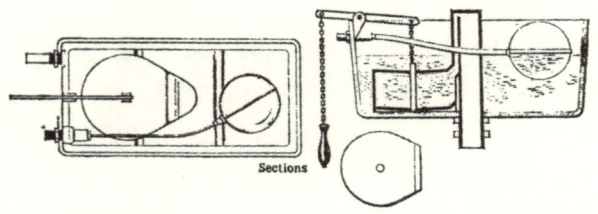

図5 クラッパーの栓なし漏水防止器

上方の縦断面図の左右上下には「邸宅，公共施設いずれにも快適」「軽く引くだけで静粛で確実な洗浄」と記載され，下図に「2ガロン入り引き鎖つき」「3ガロン入り」「蓋つき」各製品の価格が例示されている．

「かなりの速度」が絶対不可欠だった).そして,この装置なら水漏れはありえなかった.水槽の規定の高さまで水がたまって(さよう,円板がおりてくる),それから鎖が引かれないかぎり,水位があがって仕切りをこえることはおこらないからだ.実に巧妙ではないか.

水槽がからになると,水は自動的にはいってくる.そのために浮き玉〔フロート〕(クラッパーのころは銅,いまではプラスチックでできている)がある.洗浄中の水位の低下にしたがって浮き玉もさがり,それについている金属アーム［レバー］が給水管からの吸込み口［断面図で支点のすぐ下］をあける.水のはげしい流入は,その口を棒がふさぐ高さに浮き玉があがるまでつづく.こうして規定量がたまり,だれかに鎖が引かれるまで,水はその位置にとどまって漏れることもない.

水をだしつづけさせようと,以前のように,引いた鎖をくくりつけても,この新装置ではだめになった.「引き流し」〔プル・アンド・レット・ゴー〕式トイレの誕生であった.(7)

蒸気機関車「ロケット」号をはしらせたスティーヴンスン(8)や飛行機「フライヤー」号でとんだライト兄弟(9)とおなじく,クラッパーもまた,なんども試作品をつくったのちに「漏水防止器」を完成した.

便器の洗浄試験は簡単ではない.クラッパーはマールバラ製

作所に5セット用の試験台(ブラケット)をそなえていた．5対の水槽取り付け器具が壁にならび，したにある便器へとつづく洗浄管に接続する作業のための移動梯子があり，屋上には5つの水槽に一度に給水できる200ガロン［約909リットル］タンクがあった．この試験台は休んでいる暇がなかった．というのは，クラッパーと助手たちがたえず新しいアイデアの器具類を検討していただけでなく，新品でも修理品でもすべての水槽は工場から出荷されるまえに，日常の使用条件をシミュレートした，きびしい試験をうけねばならなかったからである．

さらに，「水がちゃんと下りてきて，きちんと作動する」だけでは十分ではなかく，どの便器も完全な洗浄がおこなわれることを確かめなければならなかった．

実生活そっくりの試験をするのはあきらかに困難だったので，実際の「汚物」(ソイル)にかわる種々のものが使用された．りんご（予想外だった！），スポンジ，綿ウエス，グリースや「風船玉」である．

「風船玉」は，くしゃくしゃにもんだ紙切れというきわめて単純な形状のものをいう．これは空気をふくんでいて，水への抵抗がおおきかったから，放水で流しにくかった．クラッパーとはたらいていた元社員がその変種をみせてくれた．1枚の紙をとって，片手のあわせた指にまきつけて，昔の菓子屋が子供たちにばら売り菓子をいれてやったような円錐の袋をつくった．

図6　試験中のクラッパーと従業員たち
　　　　　（イーディス・クラッパー絵）

また,ちいさいクリスマス・クラッカー型をつくるのも実演してくれた.便器内の水にうかぶ,こういう風船玉(バン)は,水槽の洗浄力へのきわめて手ごわい挑戦者であった.

『健康』誌の1884年健康博覧会記事(11)は,ある「超」洗浄(フラッシュ)トイレ実験できれいに流されたものをあげている.

　平均直径1インチ3/4［約4.5センチ］のりんご10個
　直径4インチ1/2［約11.4センチ］のひらたいスポンジ1個
　風船玉3個
　便器内一面についていた工事の汚れ
　汚れた便器壁にくっついた紙4枚

これはいまなお最高記録であって,クリケットの対オーストラリア国際試合(テスト・マッチ)(12)で,レイカーがつくった三柱門(ウイケット)19回の大記録のように破られそうもない.

こういう試験をまえにした,先駆者たちの興奮ぶりが目にうかんでくる.改良に改良をかさねてきた画期的な水洗装置つき便器をとりまく社員たち.鎖をにぎる老クラッパーは,その頭からうみだしたわが子にいま大試練をあたえようとしている.そして,成功したときの感動…….

業界で有名なこんな話がある.洗浄試験のとき,ある徒弟が自分の帽子をぬいで代用汚物のなかにほうりこむと,(13)油まみれのりんごやスポンジにまぎれて,帽子は「やった!」という歓声とともに排水管に吸い込まれていった.

ある日，イーディス・クラッパーが工場をたずねると，父親とトーマスは原型製品(プロトタイプ)の試験中で，台(パネル)のまえには成果をみようとおおくの作業員たちがあつまっていた．しかし，そのときは成功しなかった．取水口のバルブが故障していたのか，ぴったりあっていなかったのか，とにかく鎖が引かれたときバルブが留め具からはずれて，屋上の200ガロンタンクからの高圧水がほとばしり，全員にふりそそいだ．こんなとき，若きピーター・アルノー(14)ならば，「さあ，また出直しだな」といったことだろう．

第4章
鎖が動かなくなるのは……

　ここで読者は,「クラッパーは水洗トイレを完成したというが, しょっちゅう鎖が動かなくなるのはなぜか？」とききたくなるかもしれない. だが, この欠陥の責任をクラッパーにおわせ, その名誉を傷つけるのはきわめて不当だろう. それは私たちの欠陥なのだから.

　あるベテランの水道工事業者の話によると, 平均的な人間は新しい家庭器具や台所用品には金をおしまないが, 浴室(バスルーム)の器具ともなれば出費しない, という興味深い習性をもっているのだそうだ.

　おもいだしてみよう. たとえば, ゆきつけのパブ. 何度か改装され, カウンターも費用をかけて模様替えされた……. しかし, その殿方用へ用足しにいくと, 若かりし祖父たちが初めて1杯ひっかけたときにもあった古い「引き流し」式がいまだにのこっているではないか. 不思議なことに, おおくの人びとは, 水洗トイレの水槽は永久に動くもの, とかんがえているらしい.

ところが，それも機械装置であり，部品によって動いているのだから年がたてば役立たなくなることもある．

この本の執筆にかかるまえ，私は，「鎖が動かなくなる」のは両大戦を生きのびた莫大な数のヴィクトリア時代製品だけとかんがえていた．年配の方がたはおぼえておられようが，どの家庭も長年の試行錯誤のすえ，気まぐれトイレ(ル)をあつかう際のこみいった式次第をさだめていた．だから，浴室にむかう訪問客は，「引いて，しばらくそのまま保ち，それから2回すばやく引くと，水洗できますよ」というような，ややっこしい指示をあたえられたものだ．

さらに私は，第2次大戦後の大規模復興(2)によって，この問題はおおかた片づいてしまったものと思っていた．しかし，ケンジントン(3)の裏通りにある零細住宅や「伯爵荘園管理所」(ミューズ・フラッツ)(4)(アールズ・コート)(5)の1ルームアパートなどに住むおおくの住民は，鎖をいくら引っぱってもかーんという金属音だけが鳴りひびき，あざけるように水がちょろちょろしかでてこなかったときに若い私があじわった欲求不満をいまももっているらしい．

さて，この故障にいらだつわけは，鎖を引けばすぐ栓(バルブ)が引きぬかれて水がでると，無知な私たちがおもいこんでいることにある．「こんな簡単な器具がなぜ機能しないのだろうか？」

図5の上部をよくみれば，みなさんには問題点，つまり欲求

不満の根源がわかるだろう．右下の水槽断面図で円筒室下部にある円板の棒が短い鎖で金属アームの右端につながり，その左端には長い鎖がついている．すでに説明したように，その鎖を引くと円板があがり，サイフォン現象をおこすのに十分な水が仕切りをこえて洗浄管にながれこみ，水槽にあった水でトイレが洗浄される．ただ，この装置は鋳鉄製なので，年がたつと錆びるし，水のなかの石灰も堆積する（湯沸しのなかのように）．その結果，円板は円筒室内でなめらかに動かなくなる．がたがたいいながら，上下したり，かたむいたりして，運のいいときにだけ，水洗に十分な水をだす．こうして，ちょろちょろが当たりまえになるのである．

　だが，まったく頭にくるのは，円板が上のほうで動かなくなり，どうあがいてもそこから落とせないときだ．鎖をわずかに緩ませてはすっとおちるよう，繰りかえし試みるしか手はないのだから．

　水槽の蓋をとり，なかをいじっても効果は一時的だ．なんとか円板をおとして，洗浄できても，故障の原因は不明のままだ．すべては，みえない円筒室の内部でおきているのだから．唯一の解決法は，専門家にたのんで分解し，錆と石灰を除去し，保護用の瀝青をぬってもらうことである．

　もっとよいのは新製品をかうことなのに，なぜそうしないのだろうか？　水洗トイレの水槽は冷蔵庫，真空掃除機，テレビ

受像機，ディスクプレーヤーなどのどれよりもずっと安く，家庭器具のなかでも第一のお買い得品だというのに．

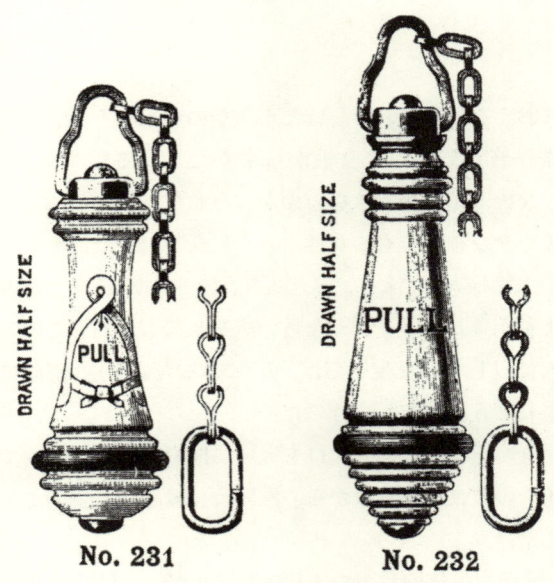

図7　原寸の半分の大きさに描かれた鎖の引き手

第5章
どうか音がもれませんように！

　手におえない鎖とおなじほど不快なのが水洗トイレの音，つまり洗浄音だ．とくに女性からよくだされる質問は，「なぜ，音のしないトイレができないのかしらね？」である．

　こまやかな神経をもつ女性，とくに新しい男友達をもてなす少女や未婚婦人が，「ちょっと失礼，ケーキができたかみてまいりますから」というような言い訳をしても，あそこの音が家中の人に（しずかな夜ならば，庭にいる人にも）「便器にいったのよ」と宣言してしまうのだ．

　クラッパーは，この問題にも大いに関心をいだいていて，水洗トイレの改良をやりながら，洗浄音には4つの要素があると分析した．

(a) 洗浄水自体の音，つまり便器に水がほとばしる音，
(b) 洗浄のおわりのごぼごぼいう音，
(c) 水槽を満たすべく再び流入する水のしゅーしゅーいう音，
(d) 水槽への銅管をおりる放水された水の音で，ある老配管

工によれば,「鐘の剥がれたところが鳴るような音」.

クラッパーが洗浄音の問題にとりかかったころ,水の「コンチェルト」はまったく「元気よく(コン・ブリオ)」だった.だから,消音装置を開発してトイレに組みこんだクラッパーの功績はおおきい.その装置のおかげで,騒音は大幅にやわらげられ,近代トイレ製造業者たちはそれをいくらか改良しただけである.世紀の変わり目に開発されたクラッパーの考案,いわゆる「マールバラ・サイレント漏水防止器」によって,上記4点のうちの2つの音はなくなり,宣伝文句どおりに「ごぼごぼとしゅーしゅーの音はしない」とまではいかなかったが,音は最小になった.

そののち,サイフォン・トラップも改良され,便器(パン)の洗浄音はかなり低くなった.だが,完全な「静けさ」にはなお及ばず,王室関係者をおおいに悩ませたことがあった.

それは,現女王であるエリザベス2世の戴冠式 [1952] のときで,関係者たちの最大の危惧は,ウェストミンスター修道院(アビイ)にあつまる貴賓たちの「特別な」要求の問題であった.そのおおくはかなりの老齢であるから,長時間にわたる式典の間,どんな意志をもってしても一箇所にとどまってはいられない.「貴族の嚢(ふくろ)」とは,きわめて適切な名称だが,この儀式には役にたつまい.そこで,予想される大きな需要に応じるため,臨時トイレの「列」(レンジ)(業界用語)の設置がきめられた.

そのとき,関係者の1人がおそろしい考えにおそわれた.式

どうか音がもれませんように! 33

典のもっとも厳粛な瞬間,つまり王冠が女王の頭に戴せられようとして会堂全体がしずまりかえっているときに,すべてのトイレがふさがり,しかも,すべての使用者が同時に鎖を引くという,おそるべき偶然の一致がおこるかもしれない.その「洗浄」交響樂は建物内部にもはいりこんで,英国王室史に多大なる汚点をとどめるのでは……. 実験してみるほかなかった.

ちかくのウェリントン兵舎の近衛歩兵師団[5連隊]に出動が命じられた. BBC[英国放送協会]の技師たちが腕に音量計(デジベル)をつけて会堂内部の各要所に位置し,兵士たちはトイレのながい列にそってならんだ.このめずらしい「演習」がどのようにおこなわれたかはわからない.たぶん,こんな具合だったろう.「鎖の引(プ)き手(ル)をにぎれ!」,「そのまま待て!」……. やがて次の命令がくだされ,すべてのトイレが同時に水洗された.ほどなくして,会堂内から音はきこえなかったという吉報がとどいた.『タイム』誌がこの報道記事につけた題は「王室(ロイヤル)のフラッシュ」であった.

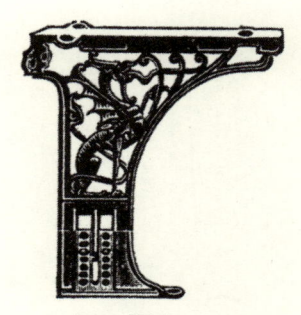

No. 792

No. 792.　Seat Pedestals　...　per pair　6/9
　　　　　Galvanized do.　...　　"　　11/9

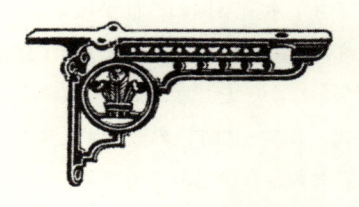

No. 794
図8　水槽取りつけ器具（2例）
No.792は亜鉛メッキ加工され，約2倍の価格差があった．

第6章
水道工事は命がけ

　エリザベス・ロングフォードは名著『ヴィクトリア女王・女帝』^{R.I.}(1)のなかで,テムズ川のひどい汚染(2)について次のように書いている.「1858年,女王と夫君のアルバート殿下^{プリンス}はテムズ川を周遊するみじかい船旅にでかけたが,悪臭のため数分で岸に逃げかえってきた.その年の夏は熱波と日照りがつづき,人口が過剰(3)になっても下水道不備の首都からでる汚水で両岸は悪臭をはなち,汚れにまみれていた.その臭気のため,議会は早朝に開かれねばならなかった.」

　ヴィクトリア時代［1837-1901］の政治家たちは,今日の上院・下院議員たちのおおきな楽しみでもある,テラスでの散歩や雑談ができなかったばかりか,眼のまえのテムズ川から強烈な臭気が侵入してくる建物を国会議事堂にしておくことの是非まで討論していた.川風のふかない早朝にだけ議会を頻繁にひらかざるをえなかったので,会期中に議事すべてをおえられない恐れがでてきて,他所に移転する必要まで予想されたのだ.

ケム川(4)も，テムズ川同様に，もはや有名な景勝地ではなくなっていた．グウェン・ラヴェラの少女時代の回想記『思い出のケンブリッジ——ダーウィン家の子どもたち』(5)には次の記述がある．「あの臭いは忘れられません．私が10歳のころ，町にちゃんとした下水道がやっとできるまで，汚水ぜんぶが川にそそぎこんでいたのですから．こんな話があります．ヴィクトリア女王が学寮長(マースタ)のヒューエル博士の案内で三位一体(トリニティ)［橋］(6)にいったとき，『川をながれている，たくさんの紙切れはなんですか？』とたずねました．博士はおちつきはらって，こたえました．『あれは水浴禁止の通達書でございます，陛下．』」

衛生面では，ヴィクトリア時代初期は各家からの汚物を通りにぶちまけていた暗黒時代［中世］(7)とあまりかわらない．あらゆる川，流れ，溝は格好の廃棄場所とされており，テムズにそそいでいたフリート川(8)（現ファリンドン通り(ストリート)，E. C. 4）も暗渠化される1844年まで開放下水溝であった．「清水(しみず)の流れる，ながい小川(バーン)」に縁どられていた，シティのシャバーン Sherbourne［すんだ川］小道もやがてシャイトバーン Shiteburn［くそ川］(9)小道と悪口をいわれるようになったが，ちかくに小川がないときには，汚物溜(セスプール)め(10)*1が衛生問題解決の手段として市内外でひろくつかわれていた．1844年のウィンザー館(カースル)(11)のまわりには，溢れかえった汚物溜(セスピット)めが53箇所以上もあった．だから，週末をす

ごしにやってきた客をむかえようと田舎館(カントリー・ハウス)の主人が正面玄関にでているとき，満員の馬車がドライブウェイで沈みこみ，客たちが汚物溜め(セスピット)にのみこまれるのを震えながら目撃するというようなこともおこった．その事件では死者もでた．

これがトーマス・クラッパーが働きはじめたころの衛生環境であり，当時の配管作業は相当危険なものだったのである．通気がよくないか，全然されていないうえ詰まっている住宅排水路をしらべてまわるのは，2つのおおきな危険——爆発と悪病のどちらかにつねに身をさらすことだった．

こわれた下水管やたまった汚物槽からあがってくる臭気は，住人にとって不快であるだけではなかった．そのガスには，爆発性もあった．

ハンフリー・デイヴィー卿が1815年に安全灯を発明すると，(12) 坑夫たちはすぐにそれを歓迎したが，配管工たちは見ならわなかった．爆発性のガスは坑内にはつきものだが，水道工事ではたまにしか出くわさないとかんがえたのか，それとも，安全ランプをつけて家屋の地下に降りてゆく格好をみっともないとおもったのだろう．

H. A. J. ラムは，19世紀初期におきた配管工にかんする事件(13) の報道記事を『建築家雑誌』で引用している．「作業員は2人で，出入口は狭かった．敷石をどけ，穴(シャフト)を調べに身を屈めて降

りていった1人は，片手に持っていた蝋燭の火で突然発火した炎に包まれた．爆発がおこり，水の入ったバケツも吹っ飛び，2人とも気絶した．半開きだったドアは，ばたーんと閉まった．」

以下に述べる近代の大事故は，昔の配管工たちが出会っていた危険をよく物語ってくれるだろう．1947年パレスチナ爆発事故として知られる事故の実状を私にかたってくれたのは，第2次大戦直後，パレスチナ紛争の最中に第1歩兵師団医療隊にいた友人である．駐屯地内には常設便所があったが，いくつかの戦争でつかわれた歴史的遺物だった．それはコンクリート製の円筒にかこまれた巨大な穴であり，地上にすこし突きでた囲いにしゃがむための板がわたされていた．木板の仕切りの間に腰をおろし，イングランドの古城にのこっている「衣装部屋(ガールドロープ)」のように，外をみながら用を足すのである．屋根には波形をした鉄板が張りめぐらされていた．

当時はＤＤＴが使用されだしたころで，消毒担当の将校は便所下部の悪臭をはなつ堆積物にもＤＤＴをつかうことをきめ，パラフィン基剤溶液約2ガロン［約9リットル］を流しこんだ．深夜，便所にいった者から板下の鼠どもがうるさいという苦情がつづけざまに入り，将校は焼殺作戦という妙案をおもいついた．マッチをすって大トイレになげいれたとき，予想外のことがおこった．パラフィンの発火が臭いガスに引火し，大爆発を引きおこしたのである．コンクリートの囲いが裂けて花弁のよ

うにひろがり，トタン屋根は空にとんでいった．核爆発のような爆音のあと，トイレットペーパーが降下しはじめ，4時間以上空をただよった後舞いおちてきた．

その衛生将校がどうなったのか聞いてみると，「両眉毛がやけ，ショックをうけていたよ」という返事だった．死なずにすんだのは，うたがいもなく，爆発がおきたのが屋外で，しかもせまい場所でなかったからだ．さきほど述べたが，クラッパーの同業者のなかにも，おなじように裸火を不注意にあつかって，病院に担ぎこまれた者がいた．クラッパー自身は爆発事故にはあわなかったようだが，しかし，もう1つの災難——伝染病にはやられている．

当時猛威をふるった——不衛生であることがその原因と断じてもいい——高伝染率の病気は，腸チフスと天然痘であった．[17]
ヴィクトリア女王の愛する夫アルバートは1861年に腸チフス[18]
で死亡し，皇太子(プリンス・オブ・ウェールズ)のアルバート・エドワードも10年後に[19]
罹災した（さいわい治ったが）．この疫病で1870年には英国人の3000人に1人が死亡し，1900年までは5000人に1人という高い死亡率だった．（比較のための参考だが，今日の英国の交通事故による死亡率は7000人に1人である．）

1887年，クラッパーはストレタム丘駅(ヒル)[20]で列車をまっていたときに天然痘が発症し，具合がわるくなった．夜，待合室のベンチによこたわり高熱でふるえながら苦しんでいたのだが，そ

のときとても気がかりだったのは，酔っぱらいとまちがわれるのではないかということだった．「ジン御殿(パレス)(21)」＊2という語がつかわれていた19世紀には，どこでも酔いどれは今日よりはるかにおおかったからである．やがて急病人とわかり，家に急送されて，全快までの3週間，妻マリァのつきっきりの看護をうけた．

興味ぶかくもあり，注目すべきことだが，当時の配管工は，汚物との直接接触だけで感染したのではなかった．この仕事では，どうしてもおおくの時間がトイレ洗浄にとられるが，『刃針(ランセット)』誌最近号(22)によると，水洗される便器はすぐれた「噴霧器」なのである．

肉眼ではみえないが，便器(トイレット)からでる飛沫(スプレー)が病院関係者に注目されており，1966年に同誌は「水洗便器の洗浄(フラッシング)がバクテリアの噴霧を発生させる」事実についての実験報告をのせた．

各種デザインの便器を「正確に同一スペース内の同一位置に」設置し，それぞれに水を容れたのち，「大腸菌を肉汁液体培地に漬けて一夜培養させ，それを15センチうえから撥ねないように注意深く注いで」汚染させた．それから，各トイレを洗浄し，とびだした飛沫中の小滴が「すきま試料採取器(スリット)」にあつめられた．（実験をしたのは，権威あるミドルズブラ公衆衛生試験所の所長ブロウァズ博士．）

試料採取器で24時間培養されたのちの検査では，平均的水洗便器は100立方フット［約2.8m³］あたり37.5のバクテリア集落(コロニー)をうみだした，という気になる事実があきらかにされただけではない．便座カバーをさげておこなわれた実験からは，「かなり驚くべき結果」がでた．飛沫がカバーによってブロックされることはなく，バクテリア集落数は37.5から46.9にはねあがった．便座下部につけられたゴム・バッファ(パン)によって便座と便器周縁の間にできた隙間に飛沫が勢いよく噴出していることは明白であり，かくして水洗便器(トイレット)はホースの細い口が「ジェット流」をつくるのと同様に，効率のよい噴霧器と化すのである．この報告は，汚染に神経質な人びとにとっては，心配の新しい種となるものだ．

第7章
4枚の王室御用達認可状

　サンドリンガム宮殿(ハウス)(1)改造工事で排水・浴室設備設営工事の拝命をうけ，クラッパーの事業は全盛期をむかえた．半世紀にわたり4枚の王室御用達認可状(ロイヤル・ウォラント)(2)をもつにいたる繁栄の始まりであった．

　トーマス・クラッパーが「王室水道業者」であることに疑いをいだく者も，マールバラ通り(ロード)の工場まえにくれば，誤りに気づいたであろう．チェルシーのマールバラ通り52番地の化粧漆くい(スタッコ)2階建て社屋でまず最初に目にはいるのは，正面屋上を飾る6×4フィート［約1.8×1.3メートル］の国王紋章であり(3)，その青・赤・金のきらめきのした，屋根の左右を結ぶように，高さ1フット［約31センチ］の文字で「御用達の製作衛生技師」と記されているのであった．

　本書にいれた写真［図9］には，大山高帽(ビリーコック)にフロックコート姿のクラッパー，山高帽(ボウラー)(4)をかぶった事務員たち，白エプロンの作業員たち（徒弟たちは布の平帽(キャップ)）が写っている．3つの陳列

図9　クラッパーと従業員たち
1892年頃チェルシーのマールバラ製作所前で
写真提供：クラッパー社（英国）

窓のある正面と裏の作業場につうじるアーチ通路入口が見え，「鉛商，真鍮鋳造業者，特許登録 調整(レギュレーター) 水洗トイレ製造者T. クラッパー」と書かれているのがわかる．窓のなかと舗道には商品がおかれ，浴槽1つ，流し(シンク)2つ，長短のパイプ類のほかに水洗便器(ラヴァトリ・パン)が27器もみえる．クラッパーの心をトイレがしめていたことに疑問の余地はないだろう．

さて，たとえ屋上の紋章は見落としたとしても，建物にはいってまで「王室御用達」の工場と気づかない訪問者はいなかっただろう．展示室への階段には，額にはいった王室認可状4枚がかかっていた．エドワード7世［1901-10］とジョージ5世［1910-36］のいずれもが皇太子のときと国王になってからあたえたものである．専門の業者によってつくられた優雅な金箔張りの額縁の上枠には，王位を示す王冠か，皇太子の位を示すいちはつ花形(フラ・ゲリ)(5)がクッションにのっていた．

残念ながら，それらは現存していない．というのは，王室がつけた条件により，認可状は，該当王族，またはその保持者の死亡時には廃棄されなければならないのである．一般にはしられていないが，王室御用達認可状は会社にではなく個人にあたえられるものであり(6)，どんな会社も，その保持者が死去すれば，「王室御用達」をしめす紋章類は使用できない（ただし，表示などからすべてを除去するまで6か月の猶予があたえられる）．王室認可状の悪用をふせぐため，この規則はきわめてきびしく

適用されるから，会社は個人の記念館で展示することも保管することもできない．

クラッパーのもらった王室認可状に青の筆記体(スクリプト)で印刷された文章は，感じのよい英国調のものだった．

　本状は
　　T. クラッパー社（チェルシー）の商号で営業するト
　　ーマス・クラッパー氏を国王陛下の衛生技師
の地位に任命したことを証明するものである．
　　上記の地位とともに，それに付随する凡ゆる権利，利益，特権および便宜を享受せよ．
　　任命は個人になされるもので，他のいかなる会社構成員にも及ばない．
以上をもって本状を貴殿への認可状とする．
　　　　　　　　　　　　　　　（署名）ラサム
　　　　　　　　　　　　　　　　　　侍従長

屋上の大きな紋章は，クラッパーの記念品を集めるコレクターにとっては第一級品になっただろう（ひろい居間にやっとはいるほどであるが）．しかし，撤去作業員たちがさっと投げおとしたので，石膏(プラスター)ボードの紋章は舗道にくだけちった．英国君主たちとの栄光ある関係の結末を，ありがたいことに老トーマ

スが目にすることはなかったのである．

　エドワード7世からクラッパーがうけた注文は，宮殿用ばかりではなかった．その皇太子時代には，西ハムステッドのある邸宅にもビロード張りアームチェア型ケースつき水洗便器［図4を参照］が納入されている．

　リリー・ラングトリーは1853年にジャージー島の首席牧師W. C. ル・ブルトン尊師の娘としてうまれた．この美女は上京して女優となり，「ジャージーの百合」として有名になった．かなり上手なロザリンド役だったが，その出世の舞台は劇場ではなく，ロンドン社交界であった．競馬場の厩舎のほか，社交に役立つあらゆる付属物をもつエドワード・ラングトリーという裕福なアイルランド人と結婚して，上流社会に登場したのだ．そして，まもなく皇太子アルバートの目にとまり，二人は仲よくなった．

　リリーが「聖ジョン(ヨハネ)の森」そばの家にはいったのは，ラングトリーとの縁がきれてからだった．「聖ジョンの森」地区は，1830年摂政園(リージェンツ・パーク)がちかくにできたあと，世界初の「郊外庭園」として計画され，王族や貴族の愛人たちの隠れ家がおおかった．

　ミス・ラングトリーの新居が，なぜ「森」のなかではなく，そのそばにあったかという疑問への答えは，その通りの名称にある．アレグザンドラ通り(ロード)に移り住むことは，リリーにとって

疑いもなく絶対見過ごすことができない類のものであり，上流界絶好の「内輪話」になるとおもわれた．事実，当時の一般紙はこのような選択を悪趣味だとほのめかし，実際にそのころ皇太子は，ヴィクトリア女王から「品行を改めるように」という趣旨の手紙を何回かうけとっていた．ずっとのちの1968年，リリー・ラングトリー邸が再開発のために解体されようとしたときも，大昔の皇太子とリリーとの仲について，なおも人びとが回想したほどである．

「皇太子(プリンス・オブ・ウェールズ)がお茶をのみにしばしば訪れた」レイトン館(ハウス)(13)には大理石の床と暖炉，そしてステンドグラスと両開きの黄色の緞子(ダマスク)カーテンがある．主寝室となりの浴室にある便器用「移動式アームチェア」は，クラッパーの指物師チャーリー・ヴィヴィアンの作品である．クラッパーの規格品「トイレ椅子(クロゼット・チェア)」（No. 1658）をもとにした特注品で，「注文に応じていかなる設計のトイレ椅子も製作する」クラッパー社提供のサーヴィスによるものであった．その価格は9ポンド12シリング6ペニー．今日なら，同様の布張りアームチェアの特注品（もちろん，便座は跳ね上げ式ではなく固定式）であれば70ポンドはするだろう．ところで，ラングトリー邸のアームチェアをみたことのある友人にビロードの色をきいたら，「もちろん藤紫(ローヤル・ブルー)さ」と即答した．

第8章
花のサンドリンガム時代

　サンドリンガム宮殿(ハウス)は,「王室水道業者」としてクラッパーがはじめて仕事をした場所であり,いまも訪問客は,その成果を目にすることができる.岩石庭園と宮殿をつなぐ道には,クラッパーのマンホール蓋(ロッカリ)が2つもあるから.

　ここに出頭して工事を命じられたクラッパーは,夕べの散歩で客人たちをフリージアやストックの芳香のなかにつれていこうとして,下水の悪臭にむかえられる王族の情けなさを想像したにちがいない.「自分のマンホール蓋なら,そんなことは起こらないぞ.」いいかげんな嵌(は)まりかたではだめだった.1000分の1インチ[約0.25ミリ]の精度はなかったにしても,クラッパーが蓋を精密に仕上げたので,どんなにしつこい下水臭ももれでることはなかった.

　現在サンドリンガム宮殿は公開されており,夏には数万もの人びとが広大な敷地のよく手入れされた芝生をとりまく砂利道をぶらつき,木立の間につくられた岩石庭園や庭園を観賞する.

しかし,庭園をみおろす高台にたつ,大きな館(やかた)にはいることは認められていない.

1861年,アルバート公(プリンス・コンソート)(1)は皇太子アルバートの21歳の誕生祝いにサンドリンガム館購入の手続きをすすめていたが,すべての書類をつくりおわるまえに死去した.目がくらむような高値だった——なんと22万ポンド——にもかかわらず,ヴィクトリア女王は夫の望みだったからと言い張り契約した.結局,その出費は国税ではなく,コーンウォル王族公領の積立金(2),つまり法定推定相続人の世襲不定期所得からなされた.

こうして1862年に,皇太子は,当時サンドリンガム・ホールとよばれていた田舎館(カントリー・ハウス)(3)の購入手続きをおえた.その拡張には数年がかかり,結局はほとんど建てなおされて,サンドリンガム宮殿として完成したのは1870年のことであった.当初の改造計画にいくつもの追加案がつけくわえられ,サッカー・スタジアム2つ分ほどもある大庭園を有する,赤煉瓦と石でできた多切妻造りの3階建て田舎館となっていた.ヴィクトリア女王は「魅力ある,新築のエリザベス様式建物」(4)とほめたが,近年では「エドワード様式(エドワーディアン)(5)ホテル風」といわれるようになり,いまでは「英国建築の不幸な時代」の産物というのが一般的な評価である.

1880年代半ばになると,サンドリンガム宮殿の排水設備と一般衛生施設の状態は悪化していただけではなかった.1860

年代以降にクラッパーたちが衛生技術を大きく進歩させたため，設備は完全に時代遅れなものとなり，改造工事は地元業者の手におえるものではなかった．さらに，建物は敷地内で隣接するヨーク荘(コテージ)(6)や付属の建物とともに巨大な複合施設となっていたから，調査・測量もふくめてロンドンの土木会社にまかされた．1886年2月16日付の「サンドリンガム宮殿排水施設関係報告書」は，手書きの細字で42頁もある．

工事は，記載された日付のすぐあとに開始されたらしい．同年中につくられた，「サンドリンガム宮殿排水施設参考資料集」の金文字タイトルが赤革につけられた美装本があり，さらに1909年まで数冊の「資料集」が現存している．各工事は項目ごとに番号がつけられており，クラッパーの名は洗浄槽(タンク)，分離トラップ［図15］，点検室および浴室備品のどの項目にも載っている．ヴィクトリア通り(ストリート)(7)（南ウェールズ）の土木会社社長ロジャー・フィールドが自社の構想を実現する技術スタッフの中心に，ちかくのチェルシーにいたトーマス・クラッパー以外の適任者をかんがえていなかったことは，これで明白である．

この館にはトイレが30箇所以上あるが，最近の浴室施設の大修理で，クラッパー研究者にとって残念なことだが，主人と客人の王族に約70年間奉仕した作品の多数はきえたものとおもわれる．

女王用の浴室(アメニティ)は，当然ながら，完全に最新式のものとなった．

花のサンドリンガム時代

しかし，女官用の浴室施設は珠玉のクラッパー作品集である．白大理石のおおきな厚板に寸法順に配置された3つのくぼみ．大きさの順に「頭・顔のみ」「手」「歯」の鉛文字による表示がある．ヴィクトリア時代人がこのような区別をなぜ必要としたのかはわからない．それぞれに2つ蛇口［給水のコック］があり，水をぬく栓を紛失する恐れはない．それがないからである．つまり，くぼみの中央には跳ね上げ式の栓があり，まえにある小さなべろであげれば排水できるしくみである．ほかに，クラッパーとおなじころに衛生陶器の開発に大いに貢献したジェニングズ(8)の製品もあったが，そのとなりに鎮座しているのはクラッパーの浴槽であり，これは2人はいれるほど広い．把球鳥爪の脚がついているケンウェア（この商品名Kenwharは，クラッパー製作所に隣接するケンジントンKensington区と，当時のクラッパー社取締役ウェアラムWharamの名称の合成）とよばれるクラッパー社製品であった．

　便器もクラッパー社の製品であり，最後の取締役だったロブスン・バレット（1904年に給仕として入社）が私にはなしてくれたとおりである．「サンドリンガム用のクラッパー特製便器には全品ヒマラヤ杉の便座とケースがついていました．当時，ヒマラヤ杉はマホガニーやくるみよりも高価でした(9)．暖かさで勝り，ニス塗りも不要でした．そのうえ，『ほのかな香りをもつ』と私はどこかでよんだ記憶があり，それはこのような

所での使用には重要なことでした.」

　この女官の浴室(バスルーム)は,ヴィクトリア時代の配管技術の粋をあつめた貴重な小博物館でもあるが,1つ場違いのものがあった.ヒマラヤ杉(シーダ)製ケースにはいった便器(トイレット)のうえにある,新しくて黒いプラスチック製水槽がそれである.あきらかにクラッパー社製品の後釜であり,博物館を完璧なものにしていた先輩は70年の奉仕ののちに撤去されたのだった.

　しかし,いくつもの客室には,籐編みの背と便座カバーがついたマホガニー製ケースにおさめられたすばらしい見本(クラッパー社製品No. 1658)がのこっているし,広大で入りくんだ建物の旧区画にある召使部屋では,昔ながらの特製「漏水防止器」[第3章参照]がなお現役である.

　召使の仕事部屋の1つには,「周囲の縁から水がでる掃除用流し製品,クラッパー社の"セシル"」が備えつけてあった.水槽はどのトイレでもおなじだが,鎖の引き手(プル)を質素な楕円形の金属環(1880年代の価格は鎖つきで4ペニー)にするなど微妙に階級差をつけている.主人用や客人用には,「王冠磁器(ダービ)」や「クリーム・金色縦溝つき磁器(チャイナ)」の引き手(ハンドル)が設置されている.流し(シンク)のそばの壁には,魅力的なヴィクトリア時代の美術品が掲げられている(海浜旅館の女主人が,客のために注意事項を記した浴室掲示をおもいださせる).「通告　この流しは用済みの度に完全に水洗する事.」目をひくのは文章ではな

く，その文字である．鵞ペンで，うつくしい筆跡でかかれている．ガラスが嵌まったきれいな枠は，うたがいもなく，1880年代に新品器具を取り付けた日からずっとかかっているものだ．

そばにある2つのトイレは，サンドリンガムのおおくの旧式装置の運命であった廃棄をまぬかれていた．いずれも本物のマールバラ製品で，上にある水槽には「T．クラッパー＆Co.ロンドン市チェルシー」の銘板がついている．クラッパー社の社員たちが「オールド・エイト・ワン・ファイヴ」という愛称をつけているもので，偶然の賜物(たまもの)とはいえ，完全に保存された真の骨董品である．

サンドリンガム本館では，男性客は小便所探しにまごついたにちがいない．家族用の田舎住居に，小便器はたいして必要ではなかったからだ．撞球場のとなりにある2つのトイレは異例なもので，下部にある足板にたつと自動水洗がおこなわれる．今日でもまだ珍しいのだから，ヴィクトリア時代の客人たちはきっとびっくりしたにちがいない．この小便器はうたがいなくクラッパーの製品だが，自動洗浄装置考案者の名前の表示はついていない．しかし，これもクラッパーの発明であろう．[12]

第9章

「産業スパイ」トワィフォードとともに

　トーマス・クラッパーはもう1人のトーマス，すなわちストーク・オン・トレントのトーマス・トワィフォード(1) *1と密接な協力関係にあった．トワィフォード社は，いうまでもなく，昔もいまも便器製造業界のトップである．その事業にクラッパーが必要だったのは，ヴィクトリア時代に業界で「組み合わせ」[図11右]とよばれた設備，つまり家屋などのトイレ・ユニットに自社の陶器を組みいれてもらうためである．クリスマスにトワィフォード家はクラッパーとその甥ジョージ，そしてクラッパー社取締役のウェアラムに箱入りの紅茶60ポンド(2) *2[約27キロ]をおくっていた．それは，ヴィクトリア時代では最高の感謝表明だった．

　ストーク・オン・トレント，正確にいえば，となり町であるハンリー(3)にあるトワィフォード社を私がたずね，工程をみてまわっているうちにある職場にたどりつき，そこでクラッパーをおもいだした．トワィフォード社にも，トイレ4セット用の

「産業スパイ」トワィフォードとともに　55

試験台が備えつけてあったからだ（第3章参照）．トイレ試験はまだ，過去のものではなかったのだ．取締役H．F．H．バークレィと設計部長E．S．エリスが，同社自慢の考案である二重トラップ・サイフォン式便器(ラヴァトリ・パン)の説明をしてくれた．普通の水洗便器(ウォーター・クロゼット)とちがい，水槽からの水の力よりも，水洗開始時に下部のトラップでおこる，サイフォン作用による急激吸入で洗浄されるのである．

　話の途中で，バークレィ氏は1つの便器にちかづき，ロール紙をどんどん引っぱりはじめ，「7でやってみましょう」といったが，私にははじめ，なんのことかわからなかった．やがて，紙の長さをミシン目単位でかぞえたのだとわかった．

　切りとると，紙の一端を便器のなかにいれた．それから，劇的な効果をだすために紙がぴんとはるまで後ずさりし，設計部長にロータンク式トイレ水槽備えつけのレバーをおすよう指示した．紙の帯は重役の両手からはなれ，蛇のようにくねりながらトラップ中にきえた．私が驚きの声をあげると，「10でも，それ以上でも」といった．

　再演にかえて，こんどはエリス氏が3つのピンポン球をとりだし，となりの便器になげこんだ．

　「水洗とは世界一難儀なものです」といわれたとき，私はクラッパーとあの風船玉をおもいだした．「普通の洗い落し式便器(ウォッシュ・ダウン)で流そうとして，なんど繰りかえしても，ばかにしたように

浮かんできますよ．しかし，さあ，ご覧なさい．」

レバーがおされると，なんと3つとも消えてしまった．「これがサイフォン作用です」と説明された．

もちろん，ピンポン球2～3個をトイレでながす必要など日常生活ではめったにないが，二重トラップ・サイフォン式の持ち主はそういうこともできる高性能に満足しているのだ．

重役たちは，このように紺の背広を着たままトイレ試験をやり，役員会議室に昼食前のシェリーをかたむけにゆくことになんの違和感も感じていないに違いない．それがかれらの仕事であり，関心事なのだ．

トワィフォード社は，便器(トイレット)を人前にもちだした先駆者であった．

便器が木箱におさまったのは，エリザベス1世が名づけ親である詩人兼諷刺作家ジョン・ハリントン卿のころからである（この貴族は，はるか昔の1596年に奇抜な水洗トイレをかんがえだした人でもある）．「口にすべきでない物」を木材でおおうというやり方は臭気が鼻につくという難点こそのこしていたが，ヴィクトリア時代人の繊細な感覚を満足させた．

1885年，トワィフォード社は革新的な便器「ユニタス」を発売した．同社によれば，すっきりと一体化した「台座形便器(ペデスタル・クロゼット)」第1号であり，その広告には，「蝶番つき便座(シート)以外に木製部品

はなく，便座をあげれば，便器とトラップのどこにでも手がとどき，隅ずみまで楽に清掃できる」から「清潔きわまりない」と記されている．

これこそ，クラッパーの先駆的な水槽(シスタン)と呼ぶにふさわしいものである．便器に付き物だった，水による洗浄と汚物集めをする機械装置類［皿(パン)，仕切り板(バルブ)，それらを作動させる金具類など］がすべて取り除かれていたからだ．こうして，臭気と縁がきれなかった便所(トイレット)(9)は，機能のことなる２つのブロック，つまり，すっきりした形の便器と壁上部にある給水装置(ワーク)にわかれることになった．製陶業者トワィフォードは前者の，水道技術者クラッパーは後者の担当であった．それは，両社いずれにとっても有益な協力体制の始まりとなった．

ドンカスター［第１章訳注13］にある天使(エンジェル)ホテルは，この「ユニタス」をいちはやく設置した．町にきたヴィクトリア女王が御使用あそばれたので経営者は大喜びしたが，そのことを店の宣伝に利用しようとして困りはててしまった．国中のおおくの旅館が「当館にはエリザベス女王が宿泊された」という趣旨の看板を掲げていたが，ヴィクトリア女王が便器に腰をおろしただけの短期滞在に，同様な掲示はだせなかったからだ．しかし，あれこれかんがえるのも杞憂にすぎなかった．口コミはいつでも最良の宣伝となる．ニュースはたちまちに広がり，連日ドンカスターの淑女(レディ)たちが同ホテルをおとずれ，敬愛する女

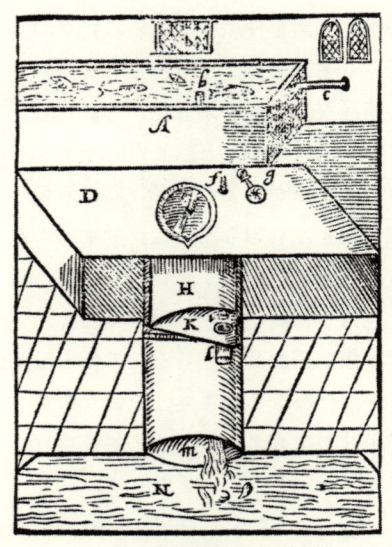

図10 ハリントン卿の「完璧なる」水洗トイレ（1596）
A水槽［魚は水の存在を示すための図］，b洗浄管の先端部分，C排水管，D台座，E洗浄管の最下端，fねじ［下端についている栓を開閉する］，g穴を締めているときに覆う帆立の貝殻，H便器の溜め，I栓，K水流，l排出，M, N下部溜め：正午と夜半に空にして，清水半フット（15cm）を容れておくのを常に忘れないこと，これが遵守，整備されていれば，貴方の不快極まる厠も極上の部屋のごとく爽やかであろう．

要約すれば，これは清掃容易な固定式の私室便器である．同様にして（形状,寸法を工夫すれば），貴邸の他のあらゆる場所も爽やかに保たれるであろう．

王の愛顧をうけた名器を使用するために列をつくったのである．

便器(トイレット)を部屋にもちだす勇気をもっていたヴィクトリア人たちは，それを美術品なみにあつかった．それとも，気をつかいすぎて，カモフラージュが必要と感じたのかもしれない．とにかく，あらゆるデザインが陶製台座形便器にみられるようになった．浮彫装飾を施したものもあれば，動物をかたどったライオンやいるかもあった．

柳の模様が流行し，ウィンザー地域でとくによくうれた模様にはウィンザー館(カスール)が描かれている（この便器(ボウル)は同地にいまも見かけられる）が，今日なら君主への奇妙な敬意ととられることだろう．古代ギリシア式帯飾り様式(フリーズ)のモチーフも，よくもちいられた．

しかし，一番はやったのは花柄で，紫木蘭(しもくれん)，葉薊(アカンサス)[10]，赤紫色の桃(マルベリ・ビーチ)，花束などがあった．

しかしながら，ヴィクトリア女王の死［1901］とともに世紀がかわると，便器はヴィクトリア時代の魅力的な装飾から離れていった．つまり，機能的な白色がながくつかわれ，戦後にやっと製造者たちはパステル風の色調にかえた．[11]

トワイフォード社は，現在，桃色からトルコ石色までの5色の製品を出している．

「桃色(ピンク)が一番です」と取締役がおしえてくれたので，「その理由は？」とたずねると，「暖かい色ですからね．2番目は

空色で，次に淡黄色がつづきます」とのことだった．そして，ほほえみながらこうつけくわえた．「しかし，今度だす新しい色は銀白色で，もうすぐカタログにのりますよ．」

　トワィフォード社に行き，もう1つ収穫を得たことがあった．同社の創業期についてかいた本が昔出版されていたとおそわったのだ．『トワィフォード社——製陶業史の1章』と題する同書は，さいわいイーディス・クラッパー嬢から入手できた．巻頭に挿入された遊び紙に鵞ペンで「謹呈／T．クラッパー氏に／トーマス・W・トワィフォードより／1898年5月31日」とかかれてあるから，近代トイレ黎明期にクラッパーと密接な協力関係にあった当時のトワィフォード社取締役から贈呈されたものだ．そのなかで，トワィフォード社の創業［17世紀］は，「産業スパイ」という語ができる以前のスリルにみちた企業秘密諜報の成果であることを率直にみとめている．

　17世紀後半，アムステルダムで製陶業を営んでいたエレルス兄弟は，スタッフォードシアのバーズレムちかくに陶器に最適な粘土層があることをしったらしい．1690年に2人は移住して，ブラッドウェルに製陶所をたてた．貴族出身だったので，無教養な地元民をみくだして，開業しても没交渉だった．

　特許取得が発明者の利益をまもるための信頼できる社会手段となる以前，技術上の秘密保持には十分用心しなければならな

かった．エレルス兄弟がとった方法は，きわめて奇抜なものだった．現場の従業員にも家の召使にもすべて，できるだけ鈍くて愚かな者をやとったのである．こうして，精神病院以外では最高の愚者集団をつくりあげた．作業能率が低いかわりに，ほとんどの作業員は自分がしていることすらわからないのだから，重要な製法や工程をおぼえられる心配もなく，競争相手の同業者にもれる恐れもなかった．

2人の地元製陶業者ジョサィア・トワィフォードとジョン・アストベリ(13)は，この巧妙な保全策を自分たち英国人への挑戦とうけとった．まずトワィフォードがエレルスの作業場にやとわれた．「トワィフォードは，文句のつけようのない粗忽さと無関心に徹した．大賢が大愚を装う以上に，狡猾な知性の偽装を続けることが肝心だった．」

しかし，厳重警戒のエレルス領にアストベリが忍びこんだやりくちたるや，もっと見物だった．「アストベリのように役になりきることは，ベテランの役者にもできないだろう．製陶所の轆轤を回すのに雇われていた白痴がいた．アストベリは，その身なりや仕草を観察して学び終えると，歴史家たちによって，トワィフォード以上に偉大な人物と目されることになった．トワィフォードは周囲で行なわれている作業に無関心を装うだけだったが，アストベリは目的のために肉体的苦痛をも嘗めた．すなわち，仕事に手をだしては失敗し，我慢強い従順さで親方

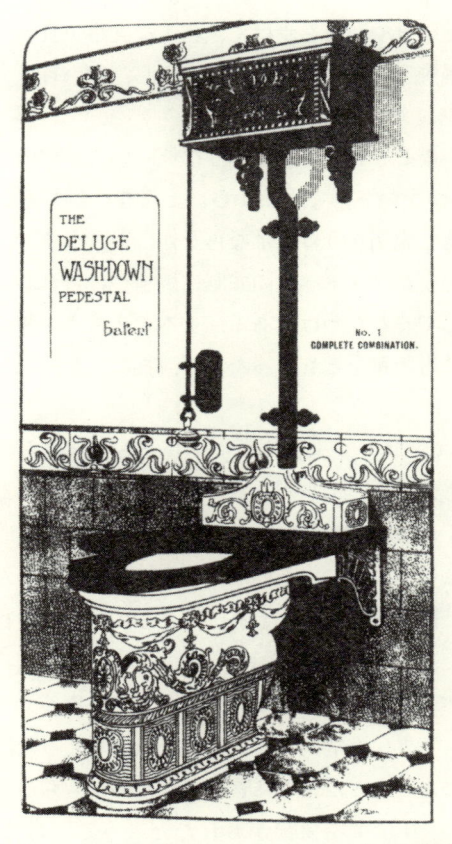

図11 サイフォン式水槽つきトワィフォード社初期水洗便器
中央左に「台座形『大洪水』洗い落とし式便器」，
右に「No.1完全な組合せ」とある．

や仲間の足蹴りや殴打を受けた．粗末な食事を食べ，変わることのない愚鈍さで苦役に服した．しかし，鋭い目は大きく開いていた．」

さいわいなことに，アストベリはいろいろな部門にまわされ「馬鹿」あつかいされていたから，どんな仕事でも会得するまで繰りかえし説明をうけねばならなかった．つまり，結果的に，すべての秘密がアストベリの頭脳に焼きつけられるよう，雇い主が協力してくれたわけである．1本のオスカー級の大作映画の撮影よりも困難をともなったこの演技は，2年以上もつづけられた．

「こうして，エレルス製陶所に学びとる事柄はもうないとの結論に達したとき，本当だったのか嘘いつわりだったのかは判然としないが，アストベリは病気になり，家に閉じこもった．訪問者がこないように，その病気は悪性と報告された．こうして，経験と観察のメモをかきあげ，さらには自分の将来計画も作りあげた．」

アストベリが職場にもどってくると，自宅療養で全快しただけでなく，意外にも病気のおかげで正気にもどったことが，雇用者にはわかった．ただちに首にされたのはもちろんである．

「アストベリに企業秘密がもれたと疑うことはなかったが，高級な陶器を造れるのが自分たちだけではなくなった，と悟ったエレルス兄弟は屈辱をおぼえた．バーズレムの製陶業者たち

の探求心に嫌気がさしたかあきれたのか，エレルスたちは，同等の品質をもった地元製品の進出におされて出荷もへったので，英国から引きあげていった.」

アストベリもトワィフォードも独力で企業をはじめた．トワィフォード社は賢明にも，一般陶器業から衛生陶器業にかわって成功し，冒頭で述べたように，いまもよく知られている．

図12 さまざまな意匠の便器
Ⓐ「ライオン」1896
Ⓑ「君主」1896
Ⓒ浮彫装飾つきの「アイネイアス」改良型
Ⓓ「海豚」1880

第10章
現場の発明家

　クラッパーの創造力は「栓なし漏水防止器」[第3章]などの水洗トイレ関係にとどまらず,ほかの分野でも発揮され,限界をしらなかった.まず,当時のロンドンのひどい住宅排水状況がきわめて気がかりだったので,その換気法を考案した.

　すでに述べたように,便所にかんするかぎり,暗黒時代は19世紀までつづいており,臭気がなによりの証拠であった.だれもあまり入浴しなかったから,体臭の程度は想像できよう.しかし,そんなものは問題ではなかった.というのは,貧弱きわまる排水管路からの悪臭に匹敵するものなどなかったからだ.

　脱臭剤がかんがえだされ,その代表が,半分にきった柘榴に丁子をつめたもの(現代の「エアウィック」の先輩)だった.しかし悪臭は,1部屋だけでなく家のどこにでもはいりこむぐらい強烈だから,応接間などで話している人たちが絶句して,卒倒したりすることもあった.一番の被害者はやはり召使だった.当時,地下にある台所など,排水管のそばが日常の居場所

であり，まさにそこは臭気の溜まり場であった．そして，この臭いこそが，諷刺画家ホガースの時代［18世紀］に召使たちが底なしの体でジンにおぼれた主因だったのだ．してみれば，かれらの乱飲習慣を非難することはできまい．

　地下よりも空気のよい上階に住む家族(5)は，臭いがあまりによくなると水道屋をよんだ．そして，もれている排水管をうまい方法でみつけだした．煙を便器(トイレット)からしたに送り，それがでてくる地下室敷石などの割れ目のしたを修理箇所と判断したのだ．各社は「煙式排水管検査器」と業界でよばれる装置をだしていたが，クラッパー社の初期カタログにも「空気ポンプつき発煙器」が掲載されている．「装置内でくすぶる特製発煙材（油をしみこませた綿ウェス112ポンド［約51kg］で17シリング）」という付属品のほかに，「ウィルキンソンの排水管発煙弾」や「ケンプの排水管ロケット」（1ダース8シリング6ペニー）などの小型の単動式(シングル・アクション)検査器もあった．しかし，これらの煙式の欠陥は，排水管がきわめてひどい状態にある場合，排煙箇所がおおすぎて家中煙だらけになり，煙がすっかり消えるまで避難を余儀なくされることだった．そこで，ある業者は油のかわりにペパーミントをつかうことをおもいつき，「ペパーミント式検査」が流行した．ただし，これは視覚でなく，嗅覚にたよるものだったため，煙ほど効率はよくなかった．煙はどんな間抜けな素人にもみえるが，ペパーミントの匂いは熟練者でなければ

図13 中世の汚物処理（古い木版画から）

かぎとれないからだ．いずれにしろ，その時代の配管工や衛生検査官は臭気の専門家にならざるをえなかった(6)．そして，どんな臭いでも——アンモニア臭，糞便臭，腐臭，その他なんでも——かぎとることができたのだ，はげしいクレシェンドの最中，Fシャープのかわりにあやまって弾かれたEフラットをききとるオーケストラの指揮者のように．

　しかし，本来，水道技術者は嗅ぎわけに熟練する必要はないし，顧客は床下からの悪臭にたえず悩まされるべきではない，とクラッパーはかんがえた．こうして1880年代にうまれたのが，「T. クラッパーの家屋排水管換気」と総称される一連の特許であり，その総仕上げが衛生設備開発史で例のサイフォン式水槽とともに2大発明とされる，1887年7月17日特許登録第10332号「安全確保の分離トラップ」である．これによって，クラッパーは排水問題を根本的に解決した．クラッパー社で44年間働いた古参のウィリアム・グリゴーリが，「分離（ディスコネクティング）こそ排水設備の鍵」と私に説明してくれた．つまり，いま住宅排水の分離がおこなわれていなかったならば，私たちは外の下水道からたちのぼる臭気で，蝿がおちるようにして倒れ，鼠の群れにとりまかれていただろう．

　みなさんは気づいていないかもしれないが，住宅の排水は，事務所など，およそ人のいる建物すべてとおなじく，排水本管に直接つながってはいない．まず，それぞれの建物のミニ下水

処理システムにはいる．そして，すべての排水は各分離トラップにあつまるのだが，その技術的な考案を理解するにはくどくどした解説文をよむより，私のように，クラッパー社のカタログに載っていた図（図15）をみるほうがいい．

家々の汚水はトラップ左側の開放受け口（オープン・リップ）[A] にはいり，曲がり [C] にくだり，それから右の排水本管 [D] にゆく．排水管の曲がりに常時たまっている水が悪臭の侵入をふせいでいる（水による完全な封じこめ）．便器（トイレット）のしたにみえる水封（ウォーター・シール）（「変人」たちが莫大な時間をささげてかんがえだした彎曲）や，洗面台や台所流しのしたの排水管の曲がりも同類である．いずれも家屋にはいりこもうとする臭気への防御なのである．

私は，住居にかんするトイレ以外の分野でのクラッパーの発明をしらべていたとき，作曲家エリック・コーツがよく話していた事件をおもいだした．あるときコーツが公衆トイレにはいると，となりの男性が彼が作曲した「ナイツブリッジ行進曲」を口笛でふいていた．しかし，ずっと調子はずれなので，いらだったコーツはどうしても我慢できなくなり，訂正したのだ．すると，相手はからまれたとおもったのか，意外なごたごたとなり，彼は自分の意図がまったくの音楽的な問題であって，他意のないことを集まってきた人たちにわかってもらうのに苦労したという．

調査のため，公衆便所巡りをはじめようとしたとき，おなじ

現場の発明家　71

Patent Air Pump and Smoke Generating Machine,

For Testing Drains.

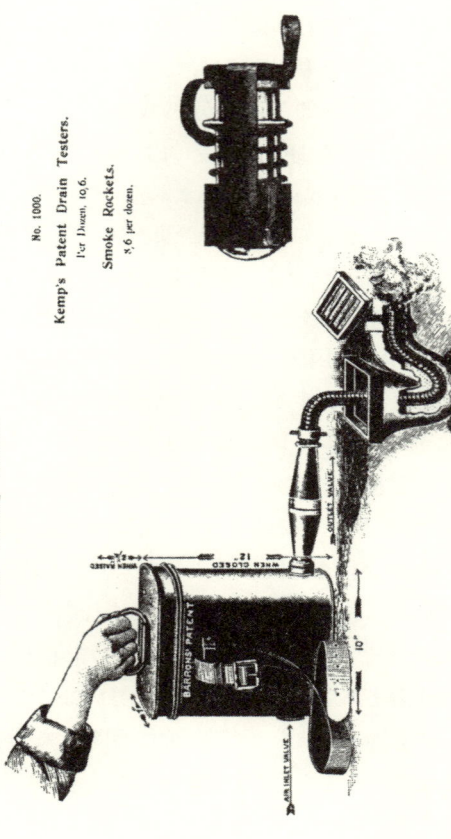

No. 1000.

Kemp's Patent Drain Testers.
Per Dozen, 19.6.

Smoke Rockets.
8.6 per dozen.

図14 排水管試験用に作られた特許登録空気ポンプつき発煙器

左図には、幅7インチ、高さ12インチの大きさ、上蓋下に「バーロンの特許」という記載があり、左下の矢印は吸気弁、中央下の矢印は排気部分。右図には、ケンプの特許による排水管試験器と発煙ロケットの販売価格が記載.

Patent Disconnecting Trap.
(No. 10,332.)

Registered Trade Mark No. 81,187, "**The Improved Kenon, Thomas Crapper & Co.**"
Registered Design No. 105,149.

Advantages:—Provision at upper part of Trap for discharging into sewer any accumulation caused by accidental stoppage.

Easy access to passage for sweeping purposes, by means of a suitable brass cap with screw.

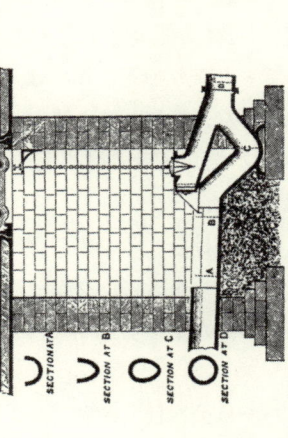

	4 in.	4 to 6 in.	6 in.	9 in.	12 in.
No. 506. The Improved Kenon Trap, with Gun-Metal Valve, Pail and Bracket, and Brass Screw Cap, Brown Glazed	29/6	31/6	33/-	47/6	92/6
Do. White Glazed	35/3	37/6	39/6	62/5	—
Galvanized Chain, extra, 7d. per foot.					

図15 特許登録分離トラップ

特許番号のほかに登録意匠と登録商標「ケノン改良型、トーマス・クラッパー社」が記され、その特長として「偶発事故による堆積物も下水道にださせるトラップ上部構造、適切なねじつき真鍮製蓋によって利用が楽な清掃用管路」があげられており、図面下方にサイズ別、部品別の価格が記載されている。

ような，いやな目にあうだろうと覚悟した．クラッパーの1891年3月5日付特許第3964号「自動洗浄式水洗トイレ」が公衆用であることはわかったが，みなさんが予想されるような複雑な時間調節装置はなく，サイフォン作用だけによって小便器を定期洗浄するという，まったく単純な水槽によるものである．同一装置が現在でも使用されているのか私はしりたかったのだが，もし公衆トイレで，「手をかしてくれませんか，水槽をのぞきたいので……」とでもとなりの人に頼めば，コーツにおこったような騒ぎが予想できた．結局，あちこちのトイレ係が助けてくれて，今日の自動水洗システムは事実上1891年のクラッパー式と同一と確認できた．

英国のあちこちでまだ見かけられる「T．クラッパー社チェルシー」の銘板からも明らかなように，クラッパーは，飛沫よけ，豆栓，洗浄拡散器のついた小便器の開発にも当然かかわっていた．

このように，クラッパーは公衆便所改善にも大いに貢献したわけだが，その分野をくわしく扱うのは本書の枠外だから，専門家ジョナサン・ルースの名著『ロンドン便所案内』(10)にまかせたい．ところで，ルースと最後にあったのはニューヨークにでかける仕度をしているときだったが，以前いったことがあるのか，ときくと，「いいや」とこたえた．

「じゃ，楽しみだね．エンパイア・ステート・ビル(11)，5番街

などがみられる.」

「それはどうかな」と悲しげにルースはいった.「ゆくのはニューヨークの便所(ルー)ガイドをかくためだから, 公衆便所で時間はなくなるだろうね.」

正直にいうと, クラッパー考案のすべての製品がすぐさまヒットしたのではない. 桶式便所(トロフ・クロゼット)という発明は,「学校, 救貧院(ワークハウス)[12], 工場など」のならんだ便器(トイレット)の水洗システムを安く, しかも効率よく実現する, すばらしいアイデアだった. 1つの大水槽(シスタン)からの水が全便器を洗い, 下にある1本の溝にはいり, 地下水流のようにすべてを運びさる(カタログには,「設備見積りは便器数による」とある). だが, ほとんど楽しみがない救貧院の子供たちのかんがえだす悪戯(いたずら)にまでは, クラッパーもおもい浮かばなかった.

少年たちは, おおきな紙片をまるめて火をつけて, トイレの上流におとし, 下流のほうで用をたしている仲間を悲鳴とともに飛びあがらせた. そこで, クラッパーは1902年に「改良型桶式便所列(レンジ)」を開発し, 各便器のしたに水封をつけたので,「それまでの『溝式便所』へのすべての悪戯はなくなった.」

創造意欲旺盛なクラッパーは, 衛生設備分野以外でもいくつかの発明をしている. たとえば, 階段の踏み面(づら)の改良がそうだ.

現場の発明家 75

それは気さくな人柄の現れでもあり，フランク・アステルという社員の失敗がきっかけだった．フランクはあまり賢くはなかったが仕事熱心であり，たとえばまだ徒弟だったころ，給水本管の弁をしめずに蛇口の弁を交換するという職人芸の早業をこころみて，シャワーをあびたことが1度ならずあった．そして，事故もよくおこした．排水管からの漏れをしらべるため，せまい地下室でマッチをつけ，爆風で後頭部を固い金属製タンクにぶつけ，脳震盪で1週間ねこんだこともあった．しかし，一番華ばなしかったのは，クラッパーに階段の踏み面を改良させることになった事故だった．

クラッパー社が，ある住宅の古い浴室を改造していたとき，(13)はずした管や器具類が山積みになり，階下にはこばなければならなかった．クラッパーは作業員たちに，「怠け者の大荷物持ち」はするな，つまり，2度でしか運べない量を1度で運ぼうとするな，とつねづね注意していた．その意味を理解していなかったフランクは水槽，管などの古器材を両手でかかえて，急階段をおりはじめた．そして，絨毯のたるみにつまずき，足をすべらせた．がちゃん，からんからんといった騒音がおさまり落下地点に仲間がとんできたが，まったく幸運にも若者はほとんど無傷のままだった．

作業の点検にきたクラッパーは，事故がおきた階段をしらべたあとで，敷かれている絨毯の踏み面がきわめて危険な代物だ

と断定した．フランクはたいした怪我をしなかったが，朝食の盆をもつ女中や，さらには，赤ん坊をだく乳母だったら……．こうして，しばらく頭をひねってから，うまれたのが特許第6029号「クラッパーの階段踏み面」である．特許庁でその明細書をみると，現代家屋の階段に採用されているものに似ていた．

第11章
時代に先がけて

　トーマス・クラッパーの業績をあれこれ調べてゆくうちに，「トイレ界のバーンズ・ウォリス{(1)}」と名づけたくなった．航空機開発で活躍したウォリスのように，クラッパーはべつの技術分野での先駆者だったのだから．

　支持具がいらず，壁から突きでた片持ち便器（カンチレヴァー・トイレット）はきわめて新しいものとされている．業界では「壁掛け（ウォール・ハング）」式といわれ，高級衛生器具店の展示場や流行をおう上流家庭で目にすることができる．もちろん，その利点は，水槽と管類がみえず床掃除も楽にできることだ．

　ところが意外にも，その片持ち便器すら，近年の考案ではなかった．クラッパーがそれを商品化したのは1888年で，当時のカタログにその設置寸法と詳細がでている．「壁につけられる耐火粘土製便器（ベイスン）」と「遠隔操作用のクローム・メッキされたレバー握り」だけの簡潔な代物であり，その他のものは隠されている．しかも，その開発は上流階級のためではなく，刑務所

と精神病院のためだったのだ．

水洗便器(フラッシング・クロゼット)が普及しはじめたころ，これらの施設にいた者たちが水槽(シスタン)に付属する金具類にべつの用途をみいだし，たとえば，浮き玉弁(ボール・バルブ)，つまり銅製の浮き玉(フロート)から金属製の支持棒(アーム)を引きぬくことなど予想されもしなかった．婦人職員は，患者がうしろから忍びより浮き玉で頭をたたかれるのではないか，と不安におびえた．それがあたれば，国王お抱えの道化がふりまわした風船玉よりも痛いだろう．さらに，囚人となれば，精神病患者のするような無邪気な遊びにとどまってはいない．水槽からさがっている鎖，とくに大きな磁器製の引き手(プル)をぶらさげた重い真鍮の鎖は凶器となる．そんな鎖をふりまわす囚人にくらべれば，自転車のチェーンをもつ反抗的な若者(テディボーイズ)[2]など看守にはなんともなかった．また，水槽(シスタン)からはずした金具からも危険な武器がつくられた．そこで，クラッパー社のカタログ番号398番はこれらの部品のすべてを手の届かない安全な場所，つまり，壁のうしろにおさめたものとなった．とても現代的な住居や最新設備をもつニュージーランド館(ハウス)[3]（干し草市通り(ヘイマーケット)に面している）の一角にある片持ち便器を考案させたのが，現代の設計思想ではなく，前時代の安全対策だったことは興味深い．

ドイツにいった旅行者たちは帰国すると，給水管から直接に激しい勢いで洗浄する，水槽を使用しないトイレをほめる[4]．

時代に先がけて

「おおくの機械類同様,ドイツ人がこの分野でも進んでいるのを認めざるをえないね.」だが,ぜんぜん進んではいないのだ.それとて,とても古い代物だ.半世紀以上もまえに,クラッパーがカタログ番号3416番「特許登録洗　浄　弁〈フラッシュレット・バルブ〉」便器として開発しているのだから.

　ドイツでそれが使用されているのに,英国でみかけられない理由は,わが国の首都水道局の方針にある.国内での使用が認可されていないのである.だから,昔のクラッパー社カタログでおおきく扱われている「洗浄弁」には,「この製品は首都水道局規格に不適合」という脚注がつけられている.つまり,輸出にかぎられていたのだ.

　同水道局の試験で,この洗浄方式のもつ危険性があきらかにされた.給水を中間でとめる水槽がないと,便器使用後に便器内の「汚物」〈ソイル〉と家屋の給水管内の水がじかに接触する.周知のように,電気は水でつたわる.(庭のバラを大事にしている私の友人は,バラの近くで足をあげる犬が警告をうけるように,針金をまきつけて弱電流をながしていた.)同様に,細菌も水を通じて急速に移動する.たとえば,こわれた排水管によって給水管が汚染されれば,腸チフスが伝染する.水道局は公共の健康を第一にかんがえて,自国人が考案した,すばらしい水洗装置を本国では禁止したのだ.ドイツ人は,いつも給水管の水を「汚物」と接触させながら,細菌のジャンプがおこらないよ

う祈っている——つまり，ロシアン・ルーレット⁽⁵⁾をトイレでやっているわけだ．

　珍しいクラッパー作品の1つが，ハーヴァストック丘(ヒル)にある家屋でみられる．おしえてくれたクラッパー社の古参によれば，すばらしいのは水洗トイレ設備自体ではなく，配置場所であるという．ロイドという画家の家は，注文によりアトリエとトイレがつながっている．そのため隣室の一部が仕切られており，その分トイレの窓幅はおおきくとられていた（当時の窓はいまほどおおきく作られなかった）ので，用を足しながら谷間の景色をゆったり観賞できる．このような設計ができたのは，家屋がどこからも見られない高台にあるからだった．
　「見晴らしがよい」といわれるトイレ(ル)に出あうのはまれである．いま述べたように，特別な環境が必要だから．
　好適なのは，ギリシアの島々にある修道院⁽⁶⁾とか，スイス・アルプスのリゾート地であろう．後者の場合，絶壁につきでたような片持ち便器に座れば，雪におおわれた山なみの眺めに息をのみ，用もはやく効率よくすむと思われるが，おおくの人はめまいにおそわれて，ほかで味わえるような満足感をえられないかもしれない．
　ジョン・プードニがかいたもの⁽⁷⁾によると，昔の航空飛行をよく覚えている人たちは口をそろえて語ったという．「第2次大

時代に先がけて　81

戦末期にリベレータ(8)に乗り，大西洋を横断しているとき，後部突出銃座を改造した小部屋(スモーレスト・ルーム)からの眺めはまさに絶景だったね．まわりが透明だし，その場所にすわっている人は，飛行機通(つう)にいわせれば，航空史上類のない最高展望地点からパノラマをたのしめたよ．」

ジョナサン・ルースは，絶好の眺望をのがしたパリのあるトイレについてかいている．「3階まできて，エッフェル塔のトイレのじつに馬鹿げた点に気づく．地上276メートル(9)にトイレをつくるのはすばらしい技術手腕だとしても，また最初の使用者が1889年の竣工式にでた英国王エドワード7世［当時は皇太子］だったとしても，まったく狂っていて馬鹿げているとおもわれる．それは，ヨーロッパ一の眺めを提供できたはずのトイレの四角窓に磨(す)りガラスがはまっていることだ．なにも見えないのだから．」(『パリのトイレ』1966)

しかし，ロード・クリケット競技場(10)は，ロンドンのほぼ中心部にありながらも，うれしいことに，そういうチャンスがみのがされていない．

ところで，その新スタンドがロードの古い宿屋のあとにたつまえに，ロンドンでもっとも近代的だったのは1963年建設のウォーナー・スタンドだった．それは会員とその友人のためにつくられた2段式建造物で，上下の段の間に横長でガラスを前面にはめたバー兼ビュッフェがあり，とても人気がある．人々

はそこにたって，一日中飲みながらでも，クリケットをみることができるのだ．

ウォーナー・スタンドの建設中に，ロニー・エアード（当時のＭＣＣ事務局長）(11)は，ある日の視察でバー両端にある男子トイレの小便器列のうえにある3つの窓に磨りガラスがはまっているのに気づき，「これは用心のしすぎでは……」とかんがえた．そのとおりだった．グラウンドのまわりの見晴らしのいい場所に人員を配置してしらべてみると，上段がかぶさっているので，どこからもトイレのなかはのぞけなかったのである．

小便所からの競技場の眺めはバーからよりもよく，エアードのおかげで競技がみえるので，バーで1日中飲んで「自然欲求」のためにタイム・アウトをとっても，投球を1回も見のがすことはない．トイレにこれほどの気配りがなされたスポーツ施設は，英国ではほかにあるまい．

図17　下向きコック

SEWAGE

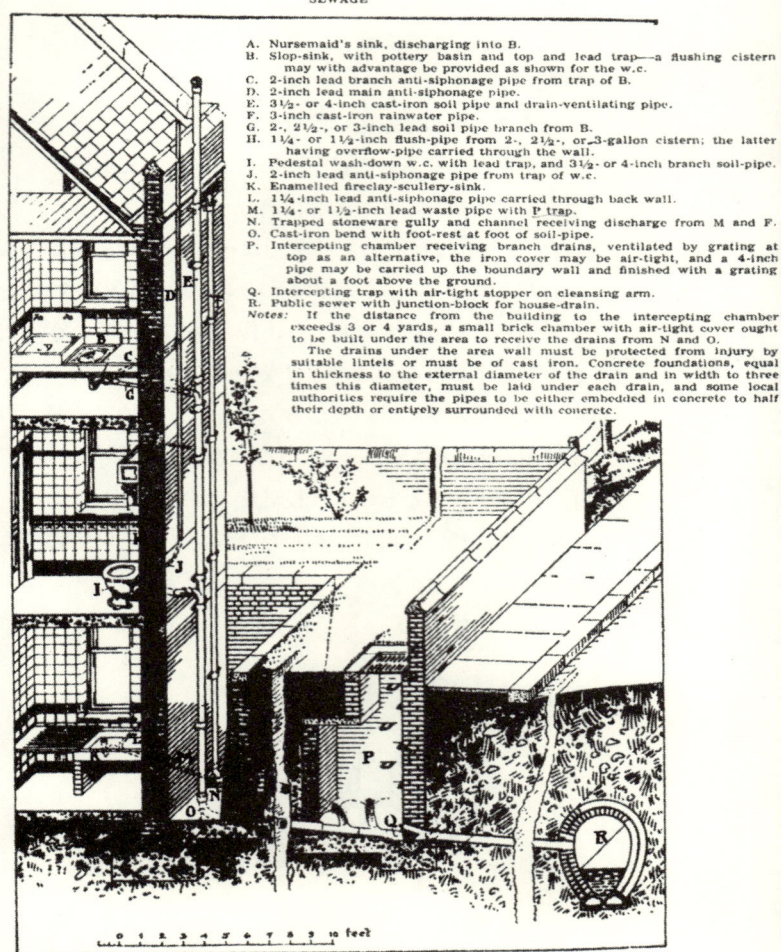

A. Nursemaid's sink, discharging into B.
B. Slop-sink, with pottery basin and top and lead trap—a flushing cistern may with advantage be provided as shown for the w.c.
C. 2-inch lead branch anti-siphonage pipe from trap of B.
D. 2-inch lead main anti-siphonage pipe.
E. 3½- or 4-inch cast-iron soil pipe and drain-ventilating pipe.
F. 3-inch cast-iron rainwater pipe.
G. 2-, 2½-, or 3-inch lead soil pipe branch from B.
H. 1¼- or 1½-inch flush-pipe from 2-, 2½-, or 3-gallon cistern; the latter having overflow-pipe carried through the wall.
I. Pedestal wash-down w.c. with lead trap, and 3½- or 4-inch branch soil-pipe.
J. 2-inch lead anti-siphonage pipe from trap of w.c.
K. Enamelled fireclay-scullery-sink.
L. 1¼-inch lead anti-siphonage pipe carried through back wall.
M. 1¼- or 1½-inch lead waste pipe with P trap.
N. Trapped stoneware gully and channel receiving discharge from M and F.
O. Cast-iron bend with foot-rest at foot of soil-pipe.
P. Intercepting chamber receiving branch drains, ventilated by grating at top as an alternative, the iron cover may be air-tight, and a 4-inch pipe may be carried up the boundary wall and finished with a grating about a foot above the ground.
Q. Intercepting trap with air-tight stopper on cleansing arm.
R. Public sewer with junction-block for house-drain.

Notes: If the distance from the building to the intercepting chamber exceeds 3 or 4 yards, a small brick chamber with air-tight cover ought to be built under the area to receive the drains from N and O.

The drains under the area wall must be protected from injury by suitable lintels or must be of cast iron. Concrete foundations, equal in thickness to the external diameter of the drain and in width to three times this diameter, must be laid under each drain, and some local authorities require the pipes to be either embedded in concrete to half their depth or entirely surrounded with concrete.

SANITARY FITTINGS AND DRAINS

図16　住宅給排水系統図

A．子守り女の流し（Bに排出）
B．掃除流し（陶製の溜めと上部，鉛製トラップが付属．水洗トイレに示されたような洗浄水槽が設備されれば効率がよい）
C．2インチの通気用鉛製枝管（Bのトラップから）
D．2インチの通気用鉛製主管
E．3½または4インチの鋳鉄製の汚水管および排水・通気管［汚水は便などを含む］
F．3インチ鋳鉄製雨水管
G．2，2½または3インチの鉛製汚水枝管（Bから）
H．2，2½または3ガロンの水槽からの1¼または1½インチの洗浄管（水槽には壁内をとおる溢れ管が付属）
I．台座形洗い落し便器（鉛製トラップと3½または4インチ汚水枝管が付属）
J．2インチの通気用鉛管（水洗便器トラップから）
K．耐火粘土製の洗い場流し（ほうろう引き）
L．1¼インチの通気用鉛管（うしろの壁の内）
M．1¼または1½インチ雑排水＊鉛管（Pトラップつき）［＊汚水以外の流しなどからの排水］
N．MとFからの排出物をうけるトラップつき石製ます
O．汚水管下端にある鋳鉄製曲がり（支持台つき）
P．各枝管からの排水をうける遮集槽（通気は上部の格子によるが，代わりに鉄蓋を気密とし，4インチ管を境いの壁沿いにあげて，地上1フィートで格子としても可）
Q．遮集槽（清掃支路上には気密栓）
R．公共排水管（家庭排水管との接続部がある）

　注記：建物から遮集槽までの距離が3または4ヤードをこえる場合には，NとOからの排水をうける区域のしたに気密蓋のついた小さな煉瓦造り槽が造られなければならない．
　同区域の壁のしたの排水管は適切なまぐさによって損傷から保護されるか，鋳鉄製でなければならない．厚みがその排水管の外径にひとしく，幅がその3倍であるコンクリート土台が各排水管のしたに敷かれなければならない．その管が半分はコンクリートに埋められるか，完全にコンクリートで取り巻かれることを要求する地方自治体がある．

第12章
座りごこちも快適に

　クラッパーの「自動上がり便座(セルフ・ライジング)」は特許第11604号（1863年1月13日）である．年配の方がたには，うしろに釣合錘(おも)りのついた便座に座った覚えがおありだろう．女子修道院，ＹＷＣＡ［キリスト教女子青年会］以外の場所で，トイレでの手間をはぶく名案として発明者がかんがえたことはたしかだ．しかし，発売時から1930年代までクラッパー社のカタログでおおきく扱われていたこの「自動上がり」式は，第2次大戦後に生産が中止された．

　私があるクラッパー社の古参になぜ需要がなくなったのかとたずねたところ，返事はこうであった．「工場や学校では問題はないし，鉄道の数社も採用しました．しかし，自尊心のある家族はその必要を感じなかったのでしょう．それに，老淑女たちは，タイミングがわるいと尻たたきされるようで，気にいらなかったのです．」

クラッパーのべつの特許第3964号（1891年3月5日）による製品も，前年の「理想的な家庭」展に出品されずに発売されたならば，大センセーションをまきおこしただろう．水をだすための引き鎖も，レバーも，ボタンもないのに水洗されるトイレなど想像を絶するものだった．ところで，流行をおう新しがり屋のなかには，買ったばかりのこういう「珍品」を来客に見せびらかして，「どうしてそうなるのかね？」ときかれると，「まあ，おわかりになりますよ」と口ごもり，あいまいにやりすごしてしまう者がよくいる．

　この新装置は「クラッパーの便座作動式自動洗浄器」で，私は特許庁でその明細書と図面をみた．図面下部に「本発明が適用される水洗便器の正面図」というキャプションがあり，さらに，「部品aが部品bに嵌る」とか，「便座が押しさげられると部品cが引っこむ」といった詳細な説明がついている．こんな優れた考案が，なぜほかのクラッパーの発明品のように現代の標準設備として普及していないのかと不思議がられる．答えは1つ，「費用がかかるから」（またしても！）である．まえに指摘したように，人びとは，最新の冷蔵庫や洗濯機などにはとびつくが，洗面所の類となると財布のヒモはかたいのである．「水槽をうごかすためだけの装置に，なぜ余計に出費するのかね？」

跳ねあがり便座(シート)と自動洗浄便器のほかに，クラッパーは便座そのものの形状も改良した．その「西洋梨形で，開口部のほそい端が前にある便座」はアーネスト・G．ブレイク著『配管工の技芸』でたかく評価されている．「最上級艶出し仕上げマホガニー製」で安全性の高い，この男性指向のデザインは，いまの前割れ便座(ギャップ)の原型となった．

　以上のように，完璧主義者のクラッパーは，便座で事故がおこらないように配慮していたのだろう．その点からみると，現代の便座は，新式が旧式より優れているとはかぎらないという事実の好例である．

　プラスチックのなかった時代の便座は，当然，木製だった．それには，はっきりとした階級差別があった．家族用にはぴかぴかに艶出しされたくるみ材やマホガニーだが，召使用には仕上げされていないストローブ松で，業界では「ごしごし洗い(スクラバブル)」とよばれていた（それをブラシでこすって洗うのは最下位の召使の定期作業だったから，うまい命名だ）．しかし，家族はすべすべのマホガニー，召使はざらざらの松板であっても，いずれも木製だったから使い勝手はよかった．鉄製ブラケットで壁にしっかり(スィキュア)（この「しっかり」が肝心）固定された下支えの板に，便座は蝶番でとめられていた．

　しかし，現代の便座デザイナーたちはすべてを変えてしまった．単純でつかいやすい点も，必要もないのに複雑にすべきだ

とかんがえたのだ．つまり，便座後部の左右にあけられた穴（成型柱とよばれる）への2つのボルトを通して1本の横棒を取りつけ，棒の両端をやはり便座左右の「目」に固定した．こうして，計4つのプラスチック部品（ボルトと「目」）が使用されることになったのである．

　施釉された陶器にボルトとしてはめられたプラスチックは木材のなかの金属製ボルトほどしっかりしていないから，いまのプラスチック製便座はすぐに係留所からふらつきだす．わるくすると便座がそっくりずれてしまい，人によっては見っともない格好で尻もちをついたり，修理後もしばらくは痛めた部分を便座にあてながら（とくに他人の家で），不安になり落ちついていられなかったりするだろう．

　今日の若者をデモ，ドラッグ，反抗にかりたてる不安感とすべすべ便座との関連を，心理学者たちはやがて論じるようになるだろう．ヴィクトリア時代には，だれもがしっかりと腰をすえ，じつに堅固な市民であったことをだれも否定しまいのだから．

　私の次男はスコットランドのメルローズにある私立小学校[(1)]にかよっているが，ある時こんな話をしてくれた．生徒たちが便所にゆくとき，あちこちから「ぼくが木製をとるぞ！」という叫びがあがり，4つあるプラスチック製便座ではなく，わずか1つしかない木製便座を奪いあう．息子の説明は一言――

「そいつは暖かいんだ」であった．便所は「社会センター」（息子の表現）で禁止されているフィッシュ・アンド・チップスや漫画をたのしめる場所だから，木製便座に座るほうが断然いい．だから，いったん決着がついたあとも，ほかの連中がその鍵をこじあけてしまうという．つまり，学校(ハウス)で最良の席にすわっても，その楽しみは中断される恐れがあるのだ．

ところで，あのジョンソン博士(3)が便座についてだした結論は，「質素な板(プレーン)が一番」であった．だが，後世のウィンストン・チャーチル卿はそれにも同意しなかった．ハイドパーク・ゲートにある自宅の客用便器には便座がついていたが，自分用のものにはなかった．その家で仕事をした配管工が，「ぴったりしたのが入用でしょう？」ときいたところ，「そんなものに用はない」(4)という答えだった．

図18 安全弁（特許）

第13章
ある画家の回想

　80歳に近い齢のイーディス・クラッパー嬢は，クラッパー社に縁があった者のなかで，その姓をなのる最後の人物である．父のジョージはトーマスの甥で，クラッパー社で一生はたらいた．

　私が訪問したとき，イーディスはウォンズワース広場(コモン)のボウリングブローク並木道(グローヴ)にある，かつては父母もいた家に一人住まいをしていた．案内されて居間(リヴィング・ルーム)にはいった瞬間，数十年を一足飛びして，ヴィクトリア時代の応接間(パーラー)にはいりこんだ気がした．画桟にランドシーア風の絵が数枚かかっていた．籐椅子とレース・カーテンがあり，ピアノが1台おかれていた．隅の小戸棚には，さまざまな小骨董やそれぞれ椀型ガラスをかぶった小彫像が多数．埃よけカバーのかかった肱掛椅子2つとソファーがあり，ソファーの布はずっととられたことがないようだった．

　背がたかく，雄弁でてきぱきと応対し，ユーモア感覚にもと

んだ画家のイーディスは，銀の茶瓶からきっちり煎じた茶を注いでくれたあと，数枚の自作の絵をみせてくれた．みごとな細密画(ミニアチュア)(6)，彩色された文字，宗教を主題にした挿絵，そして画廊でうられる伝統的なクリスマス・カード(7)*1．誇らしげに，個人注文のクリスマス・カードを数枚ならべて見せてくれた．長年にわたりウルトン伯爵(8)夫妻のために制作しているとのことであった．

「楽なことではありませんね．」とやや悲しげにいうので，「なにがですか？」とたずねたると，「水槽(シスタン)のクラッパーよりも，画家のクラッパーを有名にしようとすることですよ」といった．

 ヴィクトリア時代末期の少女時代からずっと，イーディスは絵をかくのが大好きだった．クラッパー社の馬車引き(カーマン)（側板のない荷車を馬にひかせて納品する配達係(オープン・ドレイン)）の1人だったラッシュはそのことをしっていて，配達がウォンズワース地区におよぶと，1ペニーの絵の具セットをかってイーディスにもってきてくれた．便器(ラヴァトリ・パン)，水槽，洗浄管などをつんだ荷馬車が家のまえにとまると，少女はすぐ飛びだしていった．絵の具をもらうほかに，大好きなボニー（ラッシュの馬の名）をみるのが嬉しかったからだ．しかし，この馬には噛み癖があったので，砂糖の塊をやるには，テニス・ラケットにのせなければならなかった．

92

子供は父親の仕事に興味をもつものであり，イーディスの場合もそうだった．母は娘をつれて，乗合馬車(オムニバス)でハロッズ百貨店にお茶をかいにいくのがならわしだった．実際の表現は詳らかではないが，お茶がきれると，母親はいつも次のようなことをいったという．「ねえ，なにがしたいかい？　お出かけして，父さんのトイレ試験をみましょうか？」

　いずれにせよ，クラッパー嬢の記憶では，2人はハロッズで買い物したあと，さほど遠くないマールバラ工場まで足をのばした．そして，「大洪水(デルージ)」とか「待機(アレルト)」(10)などと呼ばれた新型水槽の鎖をひっぱる老クラッパーのそばにたつ父親や同僚たちをみていた．ヴィクトリア時代には，こういう外出もあったのだ．

　しかし，イーディスの少女時代がいつも楽しかったわけではない．とくに憂鬱だったのは，ウェアラムの娘たち(11)といっしょになるときだった．ウェアラム姉妹の父親ロバートは会社の営業責任者だったが，製作や現場についてはほとんど知識もなく，また興味もなかったから，その手はよごれたことがなかった．イーディスの父は，トーマス同様に「クラッパー」の名のついた水槽とそれに関連する衛生器材の開発に専念していた．茶会でウェアラム姉妹といっしょになるようなとき，イーディスの心はひどく傷ついた．姉妹はクラッパー家のだれとも付きあいたくないので，イーディスからはなれてソファーの端にすわるのである．クラッパー家こそ自分たちの富の源泉にほかならな

いのに……

　ロンドンのフランシス・ホランド女学校の美術教師が長期休暇をとっている間，クラッパー嬢はたのまれて，その代理をつとめたことがあった．
「紹介されたときに，生徒たちは忍び笑いをしました．あとで，なぜかわかりましたよ．女の校長さんが校舎を案内してくれたとき，生徒の更衣室にはトイレが4つならんでいて，どの水槽にも『クラッパー社チェルシー』のプレートがついてましたからね．」
　恥ずかしくおもったことがあるか，と私がたずねると，「とんでもない，ありませんよ」といい，このようにつけくわえた．
「つい先日のこと，私はウェストミンスター修道院(アビィ)にいきましたら，足元に『クラッパー』というプレートがありました．」
「『詩人記念碑(ポエッツ・コーナー)』(12)にですか？」
「いいえ，マンホール蓋のうえですよ．トーマスはあそこの排水工事をやったのですから．」

第14章
トイレの異名さまざま

　ロブソン・バレットは1904年にクラッパー社の事務職の使い走りとなり、専務を辞すまで60年間つとめたが、「昔は、なぜ便所(トイレット)の呼び名が1つしかなかったのか、ずっと不思議におもってました」と私にもらしたことがある．この人にその訳がわからなければ、どこにわかる人がいるだろうか？　ヴィクトリア時代になると、水洗トイレのどの型も、業界のいう「個人名札(バッジ)」をもちはじめた．つまり、商品名「最良(オプティマス)」「狩人(オリオン)」「セドリク［男子名］」「惑星(プラネタス)」(2)などなどである．

　とてもたくさんの呼び名があり（私でさえ、苦もなく81もあげられる）、機関車番号蒐集家(トレイン・スポッター)がまさしくそうであるように、トイレ名称蒐集家(トイレット・スポッター)もまたヴィクトリア時代の品々のよい「狩り場(パブ)」である．ふるい飲み屋や駅舎などの旧式洗面所(ルー)で便器名をさがしている．

　しかし、トイレからもロマンスは失われてしまった．今日では、ただ製造者名と型番がついているだけだ．この味気ない近

代命名法のほうが効率的とおもわれるだろうが，事実はちがう．数字は名称より誤読されやすい．7526番を注文したつもりなのに，誰かの誤りで7528番がとどけられるようなことがある．しかし，昔は，「〈王子〉改良型」をたのんだのに，「〈バーリントン〉原型」がとどいて，面くらうようなことなどなかった．

　ヴィクトリア時代にうまれた便器の商品名を分類してみると，次の5大グループになる．

（1）強引な売りこみのための名称で，「大洪水」「段々滝」「嵐」「ナイアガラ」など．あきらかに，洗浄効果を目と耳でたしかめなければ気がすまないような顧客層が狙い．

（2）速さと効率を強調する名称で，たとえば，「急行」「突然」「待機」．私は「待機」がとくに気にいった．鎖にふれたとたんに動作を開始しようと構えているトイレが想像できるから．

（3）合成名称．製造者名と製造所所在地名の両部分をあわせたもので，「トワイクリフ」（トワィフォード社とクリフ谷間），「シャーコット」（シャープ兄弟社とスワンドリングコット）のようなもの．

（4）ギリシア・ローマ神話関連の名称．「雨」や「水」はラテン語［形容詞］とわかっただろうが，「アエネイス」（そだてた海の妖精が水に関連）や「ネレウス」（海神で大洋神の息子）という難解な名称があった．

しかしながら，最大のグループは，

（5）クラッパー社に通じる街路の名称である．

マールバラ（Malboro）　　オンズロゥ（Onslow）[8]
ウォールトン（Walton）　　レノックス（Lennox）
オヴィングトン（Ovington）　マンレサ（Manresa）[9]
カダガン（Cadogan）　　スロゥン（Sloane）[10]
カルフォード（Culford）

すべて，のちにドレイコット通り(アヴェニュー)に吸収されるマールバラ通り(ロード)の最初のクラッパー社社屋に接するか，そのすぐそばにある，チェルシー地区の通りの名称［streets, avenues and squares］である．工場からウォールトン通り(ストリート)にそい，オヴィングトン通り(ストリート)をくだり，レノックス通り(ガーデンズ)をぬけ，カダガン通り(スクエア)を横ぎり，スローン通り(ストリート)にいたるまで，つづけて歩くことができるが，それは，トーマスが昼食後に散歩した道筋だったのだろう．

チェルシー勅認自治区(ロイヤル・バラ)をクラッパーは愛していたから，もし文筆のたしなみがあったならば，地方図書館によく見かけられる私家版郷土史を『昔のチェルシーの街道と小路』というような題でだすように勧められただろう．この技術者はそうするかわりに，アナトール・フランスの『聖母の保証』[11]の主人公のように，チェルシーに自分流の捧げ物をしたのだろう．しかし，「高級な住所名」という理由で，カダガン通り，レノックス通り，スローン通りなどに苦労して居をかまえた人びとからクラ

トイレの異名さまざま　97

ッパーが感謝されたとは思えない．みな便器の名称にされてしまったのであるから．

　クラッパーが生涯の大部分をおくったヴィクトリア時代は，いうまでもなく，勿体ぶることで有名だった．女性の胸は「体上部」といわれ，単純明快な記述である「脚」も，よく「下肢」とされた．その時代の人びとは「トイレットペーパー」を「毛巻紙」(カール・ペーパー)［第15章参照］と婉曲に表現したが，トイレ自体やそこにゆく必要を表現する場合の婉曲語法は極致にたっした．(12)

　ただし，興味ぶかいことに，開けっぴろげとかんがえられがちな現代の英国社会も，トイレにかんしてはヴィクトリア時代よりも露骨ではない．

　「デイリー・エクスプレス」紙にのった，「鼻に粉をつける」とか，「1ペニーをつかう」などの婉曲語をつかう人びとを批判する一婦人の投書は興味ぶかい．(13)「なぜ，この人たちは，はっきり口にだしては『便所(ラヴァトリ)はどこですか？』といわないのでしょうか？」とかいている．婉曲語の使用は私たちのなかにふかく根づいていて，この人もそれ自体すでに婉曲表現である語の使用をすすめているのだ．すなわち，lavatoryの原義はwashbasin［洗面器］なのだから．(14) *1

　死と酔い——この2つは，人びとがなんとしてもズバリ表現するのをさけている事柄である．「死ぬ」のかわりは，"kick the bucket" "passion" "go the way of all flesh" [all flesh「すべての人」]であり，ハリウッドの古典的な慣用語法では，"Is he……?"だけでいい．「酔っぱらう」は，"get tight" "get plastered" "get stoned" "have one over the eight"(15)など．このように死と酔いを遠まわしにいう語句であれば30くらいは苦もなくあげることができる．しかし，水洗(ウォーター・クロゼット)トイレの回りくどい表現の多さにはおよばない．

私は60もの語句をさっとメモできたが，氷山の一角にすぎない．"loo" "biffy" "chamber of commerce" "holy of holies" "cloakroom" "shot-tower" "smallest room"(16)*2などなど．また，そこにゆくのも，"be excused" "pick a daisy" "see the geography of the house" "wash our hands" "turn our bicycle around" "see a man about a dog"(17)などなど——とつづいてゆく．

クレメント・フロイドの息子ドミニク(18)は大西洋横断飛行競技に父と出発する直前，「デイリー・メイル」紙の第1面に載った自分の写真をみて「どこかにゆきたい」と申しでた．もちろん，ニューヨークに——ではない．そして，一秒さえも貴重だったときに，ドミニクが「どこか」に消えたため，あとにのこされてしまったのである．

W. C. の一般的な婉曲表現をすべてあげることはまったく不可能である．その理由は単純で，人間というのは，その言葉を

トイレの異名さまざま　99

つかいたくない人にはきわめて協力的であり，問いたげな表情によって意図さえあきらかにされれば，どんな語句からも理解するのである．

そして，国や地方によって，じつにさまざまな表現がある．たとえば，電話がとても普及しているヨーロッパ大陸．第2次大戦中，フランスの「レジスタンス［対ナチス抵抗運動］」メンバーの通常表現は，「私はヒトラーに電話をかけにゆく」だった．デンマークの女性たちは，"dametelefonen［女性用電話］"はどこ？　ときく．（余談だが，"carte blanche［白紙委任状］"を「お願いだから，だれかブランシを家につれていって」と迷訳してある愉快な本『ブロークン・フランス語』では，"tant pis tant mieux"［そんなこと，どうでもいい］というフランス語の慣用表現を「私の叔母は電話をかけたので今は気分がいい」(19)(20)としている．）

『配管設備ニュース』(21)誌の最新号によれば，フランスは「衛生面での洗練がつねに遅れている」が，英語にW.C.という語句がうまれると，(22)*3 まもなく "le water-closet" として自国語にとりいれ（上流社会では "les waters" と変形），英国のリーダーシップをみとめたことがある．しかし，トイレにかんして，フランス人は私たちよりもあけすけである．ジョン・プードニの話では，フランス語自慢の友人がフランスで憲兵(ジャンダルム)(23)に「どこで小便できますかね？」ときいたところ，あの麗しい国土20万

7076平方マイルをかこいこむ仕草とともに,「なんですって,あなた,フランス全土ですよ」という答えをもらった.

イタリアでは,W. C. では露骨すぎるとかんがえるホテルは"numero cento［100番］"を採用しているが,部屋番号が100にとぶ（たとえば,24から）ので,外人客は最初まごつくことになる.

ホテル,バーなどにおける男性用と女性用のトイレ表示も,研究対象となりうる.ニューヨークには,微妙な男女差をぎりぎりまで追求して,犬の種類で区別しているバーがある.さしせまっているときなどは,ポインターが前者でセッターが後者と推定できるまで,時間をくってかなりいらいらするはずだ[24].英国にもどるが,『個人の目(プライヴェート・アイ)』誌[25]は,チェルトナム温泉の議会が「上流の人びとを引きつけため」に町内の便所に表示されている"MEN"と"WOMEN"の表示を"GENTLEMEN"と"LADIES"にかえる決議をしたというグロースタ新聞の記事[26]をおおきく紹介している.

さて,ニュージーランド[27]は英国人にとっては世界で一番とおい国だ.先にゆこうとすれば,英国にもどって出なおさなければならないのだから.そんな最果ての島の先住民マオリも,白人がやってくるずっとまえから,ヨーロッパ人とおなじく"smallest room"の思考系列で便所の婉曲語句群をつくっていた.

上記英句にあたるマオリ語は"whare-iti",すなわち「小さな家」である．もっとはっきりさせたいときは，"whare-noho"［居間］をつかう．ニュージーランド人は，うるさい快速ボートを"Wai-ki-kupa-rau"と名づけるように，「くずれた」マオリ語をよくつかっており，いくつかのホテルなどは"Here-it-are"［ここがそうだ］というトイレ表示で観光客をとまどわせて喜んでいる．

　南アフリカ共和国の先住民は，マオリ族同様に，「最小の家」を意味する"piccanniny kiaha"という句をつくりだし，同国ではこれがトイレの一般呼称になっている．その略語"P. K."は，米国のリグレー社輸出部を困惑させたことがあった．同社の売り上げ上位を長年しめていたのが"P. K."という名前のチューインガムだったから．

　オーストラリアでは，"dike"にゆく，と男性はいう．家庭用語"the proverbial"は，丁寧な婉曲表現の"the proverbial brick outhouse"［なじみの煉瓦造り離れ家］の略語である．同国はアメリカ同様に広大なので，下水道につながる密集地域がおおい英国のような狭い国よりも，シック・セイルが考察したような屋外便所(プリヴィ)がまだまだ残っている．私の知人はオーストラリア奥地を旅行して，あるパブでカウンターの手前に，その全長にわたって樋(トラフ)があるのをみて驚いた．その用途はきくまでもなく，一目瞭然だった．こういう造りのパブは男性専用だから，女性

が恥をかく可能性などないし，きわめて機能的な（これは控え目な表現）ことに感心した．あとで店の主人に，なぜあのようにしたのか？　ときいたところ，「あれを私が設けたのは，損しないためだよ．客たちがしょっちゅう"the proverbial"にいき，飲む時間を浪費しないためにね」という返事だった．

　広大なアメリカ合衆国にはトイレにもおおくの表現があって代表を選出することは困難だが，英国でとても好まれる"loo"は一般にはきかれない，というのは確かだ．あそこで「ルー」に相当するのは"john"である．この語の出現はかなり昔で，1735年まで遡ることができる(33)（同年にだされたハーバード大学規則のなかに，「新入生は特別研究員の"john"に入ってはならない」という文がある）．ところで，わが国の大手衛生器具メーカー，アーミティジが長年にわたり合衆国への輸出でライバルに大差をつけて1位だったのは，その創立者エドワード・ジョン尊師の姓を商品名につかったからである．英国からの輸入品「ジョン」をつかえるのがアメリカ人にうけたのだ．"rest room"も合衆国ではひろくつかわれているが，親族のくつろいだ席などで，「"rest room"(34)はどこにありますか？」ということばを耳にするとおかしな気がする．しかし，私が合衆国とカナダで耳にして気にいった婉曲語は"comfort station"(35)［直訳「快適停留所」］である．エリザベス女王時代［1世1558-1603］

の"place of easement [安らぎの場]"をおもいださせる響きがあるから.

そして,アメリカ合衆国には,もちろん「クラッパー」がある.

おかしなことに,英国では便器(トイレット)の名称と製作者名がはっきりと表示されていたにもかかわらず,トイレの婉曲語にそれらが借用されることはほとんどなかった.あるとき,私は,「"shark"[さめ]をたべにゆく」という表現をつかう娘にであった.きいてみると,女友達と3人ですむフラットにある旧式便所(ル-)が"Shark"(昔のクラッパー社カタログ番号1316)だった.だが,これはまれな例で,しかも使用地域がごくかぎられている.

さて,婉曲語の「クラッパー」がアメリカ合衆国にはいり,普及したいきさつはおもしろい.

海外勤務の兵隊たちは,駐屯した土地の語句をひろいあつめ,持ちかえる名人である.その好例が,英国軍がインドからもちかえったヒンドスタニー語"khazi"をもとにした,便所(ラヴァントリ)を意味する"karzie"だ.[36]

第2次世界大戦中に英国にいたアメリカ軍人は"You've had it"という表現をもちかえった.その父親たちが第1次大戦[1914-18]でもちかえったのが「クラッパー」なのだ.[37]

クラッパー社は第1次大戦中に陸軍病院や兵舎に自社製品を大量に納品したから,そこにいた者は,連日いやおうなしに衛

生器具の製作者名「クラッパー社チェルシー」に対面させられたことになる．大戦当時，合衆国の田舎出身者は，『配管設備ニュース』がいうところの「衛生面での洗練」はあまりなされていなかった．ケンタッキーの草原やアイダホの農場からきた兵士(カウボーイ)たちは屋外便所(プリヴィ)しかしらなかったから，「クラッパー」のすばらしい考案装置におおきな感銘をうけた．そして，すぐさまクラッパーの創造力にことばで敬意をはらうようになった．

こうして，帰還したアメリカ軍人によって，「クラッパー」はひろめられた．「クラッパーにゆく」という表現が1920年代に大流行し，『アメリカ俗語辞書(スラング)』には「1930年以前にアメリカで常用されるようになった」とある．
(38)

英国軍人がまねしなかった理由は，「クラッパー」という表示がありふれていた，ということしかかんがえられない．その名は，水洗トイレ(ウォーター・クロゼット)事業の全分野で先んじてきた英国のいたるところに，しかも長年にわたって身近にあったのだから．
(39)＊4

"crap"はりっぱな古英語である［第1章参照］．1891年刊の辞書『スラングとその類語』の同語には，"to harvest" "the gallows" "printers' type in disarray" "to ease oneself"があてられているが，それらの意味にはつながりがない．その本にも，私が調べたどの英語辞書にも普通名詞"crapper"はない．アメリカ人だけがトーマス・クラッパーを正当にあつかってくれたのだ．
(40)

その結果，"crapper"は次の語を派生させることになった．

トイレの異名さまざま　105

以下は『アメリカ語辞典』からの引用である.

"crappy—inferior, ugly, cheap, merchandise [ママ] of inferior workmanship, inferior entertainment, crappy workmanship."［「劣った,醜い,安い.出来の悪い商品,劣ったもてなし」.　［用例］ひどい仕上げ.］

"crap—nonsense, cant, exaggeration, lies, mendacity, bull."［いずれも「嘘,でたらめ」などの意］［用例］「これまで,ちょっとの間にこんなにたくさんのでたらめをきいたことがない.」ジョン・オハラ『パル・ジョーイ』(1939年).「昔についての話やそんなたわごとに私は興味がない.」アーサー・ミラー『セールスマンの死』(1949年).

このような意味合いをもつ"crap"が,近年アメリカ合衆国から英国に大西洋をこえて伝えられたのだ.この国でも,「きみはでたらめ(クラップ)をたくさんならべるね」というのを時どき耳にする.しかし,教養人がその使用をはばかるのは,心中で立派な,古いアングロ・サクソン語だとしっているからである.

「ナンセンス」を意味する"crap"は,たぶん,ここでも受けいれられることになるだろう.奇妙な回り道をしたあげく,やっと,英国のW. C.開発者トーマス・クラッパーに自国民から栄誉があたえられ,敬意がはらわれるようになったのである.

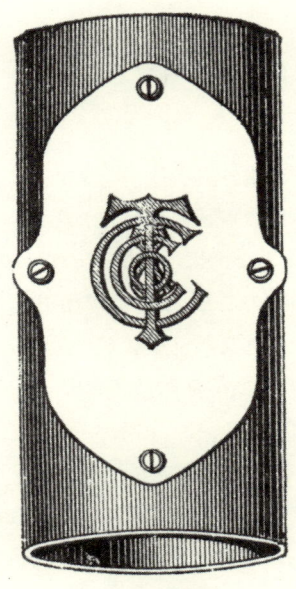

図19　管製品
（トーマス・クラッパーの頭文字TとCがデザインされている）

第15章
トイレットペーパーの変遷

　ロンドンにある衛生器具会社ハンファースンの秘書たちの机上には，古風な木製の書状入れがおかれている．艶出しされたマホガニーのみごとな出来は訪問客の賞賛のまとだ．しかし，初訪問客はもちろんのこと，新入りの秘書もしらないでいるが，それは本来，書状入れなどではなく，クラッパー社のトイレットペーパー入れ(ボックス)（1872年カタログでは，蓋つき1箱1シリング9ペニー）なのである．

　ほぼ100年まえに会社を創立したハンファースンは2人の息子をクラッパー社で修業させ（額にいれられた徒弟奉公契約書がいまも事務所にかけられている），ずっとクラッパー社の全製品をあつかっていた．そして，便所の歴史に関心のある現社長ジェフリー・ピジョンは，古いクラッパー社製のペーパー入れをみつけたとき，保存と利用の一石二鳥をおもいついたのである．

　ストークのトワイフォード社にも昔のペーパーホルダーが同

様に「保存」されているが，こちらは青と金のあざやかな図柄に釉薬(ゆうやく)のよくぬられた陶器である．

　もちろん，ヴィクトリア女王治世の後期まで，いま使用されているトイレットロール紙(1)はなかった．形はずっと四角で，印刷物をきったものか，トイレ用に裁断した紙(2)がつかわれていて，文字つきの紙を使う下層階級と購入した専用紙を使う上流階級の間にたいした差はなかった．チェスタフィールド伯爵の古典作品『息子への手紙』(1747)(3)には次の記述がある．「私のしる貴　族(ジェントルマン)は時間の用法に極めて長(た)けており，自然の呼び声によって必須院(ネセサリー・ハウス)(4)で過さざるを得ない寸刻すら無駄にしなかった．同所にいる時間で，遂には古代ローマの詩作品全てを読破してしまった．例えば，ホラティウス詩集の普及廉価版を買って，二三葉ずつちぎり，かの必要な場所に持ちこみ，読みおえてから(5)清浄の女神(クロアキナ)(6)*1への供物として送りだした．この繰り返しにより当然多くの時間が得られたのであり，見習うことを君に勧める．これは，かの時間になさざるを得ない事だけをなすよりは良いし，かようにして読書すれば，如何なる書も心に確(しか)と残るであろう．」

　しかしながら，そこを勉学の場とみなしていた人(7)*2はべつにして，昔は四角い紙がきれいな木製や陶製の容器にはいっているか，壁の釘にぶらさがっているかのどちらかが普通だった．だから，ウォンズワースのドレイトン製紙所が売りだした，「紐

トイレットペーパーの変遷　109

ですぐ吊るせる」ように隅に穴のあけられた四角紙は他社をだしぬくヒット商品になった．

ところで，それはどんな形状であっても，けっして「トイレットペーパー」とは呼ばれていなかった．ヴィクトリア時代の，無数の「口にしてはならない」語句の１つだったからだ．当時の女性たちは，折りたたんだ紙切れに毛をまいては髪をカールさせていたので，そのことからトイレットペーパーを買うはめになったときに便利な婉曲表現がつくられた．婦人たちは店で「毛巻紙(カール・ペーパー)をください」といえばよかったのである．

名案であるミシン目入りトイレットロール紙の発明者名ははっきりしていない［補注３参照］が，その出現の時期はわかっている．1880年に英国特許ミシン目入りロール紙社が設立され，同じころ，やがてティッシュペーパー業界で有名になるフィラデルフィアのスコット兄弟が包装紙からこの新式トイレットペーパー［商品名はスコッティー］の製造に移向している．(8)

このように，だんだんアメリカ人も初期のロール紙（実際は新聞印刷用紙）になれるようになった．そして，1907年には，現代の柔らかいティッシュペーパーの前身である，ちりめん紙が合衆国でつかわれるようになった．ところが，英国人は「ブロンコ」（英国ミシン目入りロール紙社が採用した長々とした社名にくらべれば，スマートな商品名だ）に忠実であった．迫りくるヒトラーの魔の手からのがれてきたローゼンフェルダー

兄弟が1932年ウォールタムストウ⁽⁹⁾にちりめん紙製造工場を設立したが，その柔らかいちりめんロール紙は英国人の「ブロンコ」品種（業界用語で「ハードティッシュ」）好きを変えることはできなかった．

英国製トイレットペーパーが大量に輸出されることはない．業界のある人にいわせると，「かさ張るからねえ，空気を輸出しているようなものですよ．」だが，なぜかベルギーは英国製トイレットペーパーの輸入大国であり，しかも「ブロンコ」の買い手だから，英国人と好みをおなじくする唯一の国だ．しかし，ベルギーの商店では「ブロンコ」とよばれずに，「ブリティッシュナンバー3」と称されている．ベルギー人が購入している理由は，「ハリス・ツイード，ジャガー，ヤードレー⁽¹⁰⁾のように虚栄心をくすぐる要素がその呼称にあるため」という結論しか「ブロンコ」関係者たちも持ち合わせてはいない．しかし，ベルギーという分派をべつにすれば，英国以外のあらゆる先進国は柔らかいティッシュペーパーをつかっている．だから，海外からの訪問者は，英国人になお愛されている「ブロンコ」などのハードティッシュに出合い，驚くのである．

私たちは官報類を手に入れる場所はしっているが，政府刊行物発行局がトイレットペーパーの支給も担当していること^{(11) *3}はあまりしられていない．同局は国中のすべての政府建造物に，す

トイレットペーパーの変遷　111

なわち議会上院(ハウス・オブ・ローズ)(12)から最下位の職業紹介所にいたるまでトイレットペーパーを供給している．ノリッジ倉庫(13)からは，年に700万巻のトイレットペーパーが出庫される．つまり，全官庁で1日に2万巻が消費されていることになる．おもしろい統計である．

それらには，ミシン目ごとに「政府財産」と裏書きされている．(14) *4 そのすべては「ブロンコ」である．つまり，英国政府はハードティッシュ堅守派に属しているのだ．だが，政府関係者のなかの若手進歩派は，この点で政府は国民感覚にうといと論じている．そして，世界の趨勢においつこうとする努力がなされていて，供給局監督下の委員会でも，トイレットペーパーの契約を見なおそうという動きがみられる．本書を執筆していたときには，柔らかいティッシュに切りかえる政府決議が時間の問題となっていた．

ＢＢＣもやはり，「ＢＢＣ財産」とかかれた旧来のハードティッシュになおも固執している．しかし，長年勤勉に仕事をするか，ＢＢＣ本部まえの危険な交差点——別名「昇進コーナー(プロモーション)」(15)——のおかげによるか，して会長室などのある最上階にまであなたが昇ることができたら，役員用トイレを使用できるばかりか，備えつけの柔らかいティッシュ（桃色）(16)もつかうことができるだろう．

第16章

さて,後継者は?……

　クラッパーは,中背で,気立てはやさしく,親切だった.甥の美男子ハリーが「道を誤った」ときには雇いいれ,家族がそろって反対しても,5年以上職にとどめておいたりした.ハリー夫婦の窮状に目をつぶっていられなかったのである.

　クラッパーは,ヴィクトリア時代後期の帽子だった大山高帽(山高帽(ボウラー)とシルクハットとのあいの子)(1) *1 をいつもかぶっていた.最後のクラッパー社専務ロブスン・バレット(給仕として入社して以来,ずっとクラッパーのそばにいた)の話では,トーマスの容姿の特徴は,いつも首筋が清潔でシャツはきれいにプレスされており,蝶ネクタイの端がカラーのしたに挟みこまれていたこと(1950年代の若者たちが,夜会服(イヴニング・ウェア)にみせかけたスタイル)だった.灰色の顎髭(あごひげ)はのちに「ジョージ5世顎髭」(2)として有名になる形のものであり,その地位にふさわしいフロックコート(ヴィクトリア時代の紳士の制服)(3) *2 を着こみ,でばったチョッキにはこの服装に不可欠の時計鎖(4)がきらめいていた.そ

の一端には金の両蓋懐中時計（ぱちんと蓋をあけて時間をみるという，ちょっと人目をひく演技ができる），べつの端には金貨入れ小箱．そして，この身なりの仕上げは，もちろん散歩用ステッキだった．

1867年にクラッパーはマライア・グリーン（洗礼名Mariaは，ヴィクトリア時代には，映画『ウエストサイド物語』のように「マリーア」とは発音されていなかった）と結婚した．2人はちいさいときにソーンでいっしょに育ったいとこ同士であり，そのころからクラッパーはマライアが好きで，ロンドンにでてきてからも，たがいに連絡していた．青年配管工は，結婚しても十分にやっていけるようになったとき，上京していっしょに暮らしてくれと手紙をだした．幼なじみは嫁入り衣装一式のはいった木製整理箪笥とともにやってきたが，衣類のほとんどは手縫いで，生地代はぜんぶで4シリング10ペニーだった．

男の子が生まれ，父親の名をつぐため洗礼名トーマスがつけられたが，幼没した．トーマス・クラッパー2世が何歳で死んだか，を確かめにサマセット館(ハウス)[5]にいってみたところ，名前のかたすみに，「福祉国家」[6]以前の当時は珍しくなかった記載のしかた「年齢0歳[7]」とかかれていた．

トーマスの兄の娘エドナ・ブラウン夫人は，マライア・クラッパーがとても親切にしてくれたことをおぼえている．彼女は，ケント州にちかいロンドン南東部ソーンセットのクラッパー家[8]

ですごした幼いころの, たのしいクリスマスについて語ってくれた.

「七面鳥つきの昼餐のあと, 夕方の軽夕食(ハイ・ティー)(9)では七面鳥とともに温めてだされたハムが今度は冷やされて, ブローンと丸ごとのスティルトン・チーズ(10)とともに現れました.」

特別のはからいで, 上階の寝室から北のほうの水晶宮(クリスタル・パレス)(11)の花火をみるのを許された.

自分に子供がいなかったマライアは小さい者たちをかわいがり, エドナもだきあげられて, 当時の新たな奇蹟だった電話器ではじめて話をさせてもらって, よろこんだ覚えもある. 復活祭(イースター)や聖霊降臨日(ホイッアン)(12)にはよく, おさないエドナも「家族みんなで丘をあるくため, 雇いの四輪馬車(キャリッジ)で日帰りピクニックにつれていかれた.」1902年, 10歳の誕生日をむかえたエドナが大おばからもらった手紙には, 「2桁になりましたね!」と書かれてあったが, 同年, 手紙の送り主は昔ながらの往生をとげた.「ある日, 夫のトーマスを工場にたずねたとき, ひどく咳きこみだして亡くなったのです.」

ソーンセット通りの家には, 2人の召使, つまり料理人と女中エレンがいた. エレンは, 当時の習慣にしたがってキャップの紐をゆるめ, 下女(アンダーメイド)(13)と自称していた. 虚弱で, やがて具合がとてもわるくなり, 専門医にもかかったうえ, 長期入院が必要になった. 国民医療制度のなかった当時, トーマス・クラッパ(14)

ーがエレンの治療費全額を負担した．現在80代で，スコットランドにすんでいるエレンは，手紙にこう書いている．「クラッパーさんは私の命の恩人で，労働者階級にいつも気をくばってくださる，とてもやさしい紳士(ジェントルマン)でした．大技術者で，ご存知でしょうが，水洗便所(ウォーター・ラヴ)の発明者で，それ以前［の水槽］は引きあげ栓(プラグ)でした．」

園芸がすきだった老トーマスは，ソーンセット通りの自宅庭園のかたすみにつくったりっぱな温室のほかに，当時住宅がまばらだった隣接する小麦が丘通り(ホイールヒル・ロード)にも庭園をもっていた．少女時代，日曜日に親戚の子供たちとおとずれると，大おじがみんなを庭園につれていってくれたことをエドナはおぼえている．からかうのが好きだった老人は，大おばのマライアの淹れるお茶とお菓子のところにもどりたがっている子供たちをじらして，いろいろな花のラテン語名をおしえつづけ，チビたちが我慢できなくなったとわかると，一息いれてから堆肥をステッキでつつき，「おお，田園の芳香よ！」といってから，帰路につくのだった．

いま，クラッパー家の者たちは，方ぼう散り散りになって暮らしている．トーマスの兄弟の孫娘の1人がカナダにいるミーニ・フィンチである．彼女には孫が18人もいるから，クラッパー姓ではないにしても，家系の継続には貢献したことになる．

1人前になったクラッパーは，死ぬまで昔と同じ鵞ペンをつかいつづけた．1850年代にバーミンガムの某社が「我らの必要，予定，感情を記録する用具として鵞ペンに取って代わる」鋼鉄ペンのペン先の製造をはじめ，製造所(マニュファクトリ)から大量に出荷しはじめた．しかし，近年おおくの人がボールペンの進出に抵抗したのとまさにおなじ理由でもって，クラッパーは，鵞ペンでかかれた文字の，うつくしい濃淡の消滅をみるにしのびないヴィクトリア人の1人であった．ところで，その筆跡を審美家は賞味したにしても鵞ペンは厄介な道具であり，いつも削らなければならなかったから手もとにナイフがなくてはならず，そこで，このような小型ナイフを「ペンナイフ」というようになったのである．

　クラッパーは少年時代にロンドンにやってきたが，その言葉づかいにはヨークシア訛りがのこっていた．たとえば，"sugar[シュガー]"は"shugger[シャガー]"といっていた．

　また，フリーメイソンでもあった．

　1867年クラッパーがヨークシアから営業責任者としてつれてきたロバート・ウェアラムは，まったくちがうタイプの人物だった．厳格なメソジスト派の信者で禁酒家で禁煙家，つまり，「楽しいことには禁令を」というモットーの持ち主であり，毎日傘をもって家をでるという極端な悲観論者だった．マールバ

ラ製作所の敷地の裏にパブがあり，作業員たちは，境にある飾り付き鉄格子の間からビールのジョッキを注文していたが，「あのウェアラムは，そのことをしらないまま死にましたよ」と元社員は語ってくれた．みんなにひどく嫌われていたのだ．のちに事務所と展示場がキングズ・ロードに移転してからも，ときおり工場に仕事のすすみ具合を見にきていた．あるとき，作業員のところでビールをのんでいた事務員は，ウェアラムがきたのに気づかず，現場をおさえられそうになった．大あわてで煉瓦塀をのりこえたので，裏のパブのおかみさんがおどろいて，こうきいた．「どうしたんだね？　あのうるさ型がきたのかい？」

しかしながら，ウェアラムは商売人としては遣り手であり，現代アメリカ語ではなく古英語の意味での"cute"[抜け目のない](19)だった．クラッパーは創造家，空想家，実験家だったから，書類仕事は退屈だし，新型製品——たとえば換気装置——を設計するためにつかえる時間の浪費とさえかんがえていた．だから，ウェアラムに会計や他の事務をみてもらって満足していた．それに，ヨークシアでいっしょに育った幼友達への愛着もあった．

晩年のクラッパーは，毎日，事務所にはこなくなった．製造はほとんど甥のジョージに，経営はウェアラムにまかせてしま

い，週に一度ぐらい顔をだすだけになった．

しかし，実際引退するまえに，立派に育てあげた事業がマールバラの古びた社屋よりも堂々とした建物のなかにおさまるのをみたくなった．かなり探しまわった結果，キングズ・ロード120番地によい土地をみつけた．

こうして1907年，会社の移転がおこなわれ，無から築きあげた事業をロンドンの大通りに誇示できたクラッパーは，そろそろ身の回りを整理して，ケント州にちかい，魅力的な庭園がある，快適な自宅でしずかな余生をおくる時がきたとおもった．

残念なのは，会社をゆずる息子がいないことだった．「チェルシーの衛生技師クラッパー」の名をつがせられるような甥たちはいた．しかし，チャールズとトムはロンドンのべつの地区でいずれも建築家・装飾家として立派にやっている．ほかの甥たちはヨークシアや植民地にちらばっていて，呼びもどして仕こむにはおそすぎた．もちろん，美男のハリーがいるが，特別の閑職を保持する能力もなく，手遅れなのはあきらかだった．そして，製造責任者である甥ジョージ・クラッパーには，会社運営に必要な才能が不足していた……．

こうして老トーマスは，ウェアラムに事業をゆだねるという結論にたっした（やむなくかもしれないが）．のちに，その選択を悔やんだが遅すぎた．後悔したのは，ある幹部が出勤してきたウェアラムをみて，「ほら，ピラトのお出ましだ」という

さて，後継者は？……

のを聞いてしまったからである．
　その日以後，クラッパーは社屋に 2 度と足をふみいれなかった．

Pushes.

No. 1141.
図20　押しボタン

第17章
道のおわり

　1902年に妻マライアが死んでからは，老トーマスは2人の未婚の姪，エマとサラとともに，ロンドン南東部のアナリーでいっしょにくらしていた．その家は，魅力的なヴィクトリア様式の2階建て住宅がならぶソーンセット通り12番地にまだのこっており，いまは元歯科医のB. S. シャーウッドが妻とすんでいる．シャーウッド夫妻は，クラッパーの姪たちがいたという話はきいたことがあるが，家屋を購入した1945年よりもずっとまえになくなった，と私に語った．

　さて，訪問前に私はここはクラッパーゆかりの物だらけだと想像していた．浴室(バスルーム)設備はすべて自社製品であり当然最高級品．たとえば，浴槽には栓(プラグ)ではなく引き上げ式排水管（当時の最新型で，カタログによれば割増価格が3シリング15ペニー）がついていて，まわりにはマホガニーの縁があつらえられており，コルク張りの便座カバー（当時で最高価格の品）に目を瞠ったり——というような．それらがなくて，がっかりしている私の

耳に,「数年まえにすっかり改装しましたのよ」というシャーウッド夫人の声がうつろにひびいた.

　だが,夫人の話には有益な情報もあった.今世紀初め,隣の家にはW. B. イェーツ⁽²⁾がすんでいたというのである.私は,クラッパーが有名なアイルランド詩人の隣人だったことに興味をおぼえた.ただし,イェーツは,この事実について自伝などではまったくふれていない.

　クラッパーの生涯は,2つの治世にぴったりと重なっていた.ヴィクトリア女王戴冠の1837年に生まれ,その息子エドワード7世の没した1910年にこの世を去った.

　最晩年のクラッパーはほとんど寝たきりであったが,ある日,部屋の隣の浴室で,エマが水洗トイレの引き鎖で苦労しているのに気づいた.水がながれず,むなしく繰りかえし引かれる鎖のなじみ深い音…….いま聞こえてくる音は,老トーマスにはもっともなつかしいものだった.

　「かつての自分であれば,すぐになおせたのに……」その音をききながら横たわる老人の心中の苛だちは察するに余りある.同様に病床にあって,ピアノの練習を不協和音でおえようとする階上の部屋の弾き手にいらいらしている作曲家の心中を思いうかべてみればいい.「もう我慢できない.かけあがり,あの和音を解決しなければ……」.

老トーマスの思いもおなじだった．「あの，水をながさない鎖の音には，もうたえられん．」やがて姪があきらめて家事にもどるのをまって，ベッドから抜けだし，浴室にそっとはいりこんだ．熟練した指先は故障をすぐになおし，水洗したあと，老人は寝床にもどった．

　仕事熱心だった老職人はその後に死をむかえた——とかきたくなるが，事実はそうではない．しかし，この死のせまりくる時期におきた出来事が，家族に感銘をあたえたことは事実である．

　ソーンセット通りからすこし歩いたところにあるエルマーズエンド墓地[3]にクラッパーは永眠している．ここは，ケント州の英仏海峡の海岸にゆく幹線鉄道に接しているため，第2次大戦中は40エーカー［約16万平方メートル］に12個もの爆弾がおちた．ドイツ空軍は，ドーヴァー[4]や他の海峡諸港と連絡する輸送線の破壊に躍起となったからだ．

　入口の事務所にある台帳で，私はトーマス・クラッパーの墓所をたしかめた．鵞ペンによる記載は「V4区第1列4165番」．地所の価格は10ギニーである．

　事務所と礼拝堂のまわりの通路と花壇，そして新しい墓の通路はきれいになっていたが，古い墓の間をゆくと，道のアスファルトはひび割れており，墓石のおおくはかたむき，雑草がわ

道のおわり　123

が物顔にとりまき,排水溝からは細い潅木がでていた.墓地というものを私はよくしらないが,これが普通なのだろう.しかし,そのように雑然として侘しい眺めのなかに,よく手入れされた墓と大きな白大理石の十字がみえ,その地所は新墓所のようによく手入れされていた.クラッパーの墓か,と思ったが,そうではなかった.銘板には,「W. G. グレイス／内科医（ドクター）／クリケット選手／1848―1915」とかかれていた.

ブリストル出身の偉大な"W. G."が,エルマーズエンド墓地に埋葬されたことを私ははじめてしった.のちに,晩年のグレイスがちかくのベカナムにすんでいて,墓地に接して「ドクターW. G. グレイス」というパブがあることもしった.その特別室には,この大選手のあらゆる記念品が集められている.1884年の第1回対オーストラリア国際試合（テスト・マッチ）[第3章訳注12]につかわれたバット,「世界チャンピオン・クリケット選手」と書かれた肖像入の記念絹ハンカチーフ,1886年のシーズンにグロスタシア州のため何ゲームに参加したいかをペイジなる人物に問いあわせたグレイスの手紙などなど.いつから「ドクターW. G. グレイス」という名前なのかと店長にきいてみると,「パブができてからずっと」という答えがかえってきた.

「それはいつです？」

「2年まえ」…….

クリケットの第1級の人物をしのんだのち,ふたたび私はク

図21　クリケットをするW.G.グレィス（1906年）

ラッパーの墓を探しはじめた．とおくまであるく必要はなかった．わずか数メートルはなれたところに，妻とともに眠る墓があった．それは，専門用語で「切妻造り平石(ゲイブルド・レッジャ)」，すなわち，傾斜のよわい切妻屋根型の墓である．片面には，「トーマス・クラッパーの愛する妻／マライアをふかく偲んで／1902年1月1日没／享年65歳．」べつの面には，「トーマス・クラッパーをふかく偲んで／1910年1月17日没／享年73歳．」[クラッパー社のホームページによれば，死亡日は27日]

それは地味で単純な墓だ．グレイスの墓では，故人はスタンプ3本[ウィケット柱](8)，バット1本，ボール1個で象徴されている．クラッパーのためにも同様なことができただろうが，そうしたならば，威厳のないものになったことはまちがいない．

墓地の曲がりくねった道をぶらつきながら，トーマスの生涯，ロンドンにでてきた11歳の少年が有名な衛生器具製作者・発明家となり，王室御用達水道業者として墓にはいるまでになしとげた業績をかんがえていた．

ふたたびグレイスの墓のまえをとおりすぎるとき，大勢の人をよろこばせた，偉大な英国人2人の墓がならんでいるのは当然のように私にはおもわれてきた．

キングズ・ロード120番地にあるクラッパー社は3階建てのジョージ時代風邸宅(9)を改造したもので，100年以上もの歳月を

経ていたので，周囲にすっかりなじんでいた．チェルシーの古い住民は，1966年に社屋がらんどうになったのをみて残念がった．企業買収でしられるジョン・ボゥルディング社がクラッパー社の業務を自社の一部門にしてしまったので，その名のつく建物はなくなったのである．

こうして120番地の元クラッパー社屋は2～3年の間空き屋のままで，正面入口は板でふさがれ，陳列窓にはペンキがぬられていた．しかし，私がそれをみにいったとき，だれか——もちろん，感傷的な人だろうが——によって肉太字体(ボールド)で「トーマス・クラッパー」と正面にかかれてあった．しかし，通行人のなかに，扉の上方に大書された，その名を仰ぎみた（ただ文字どおりであれ，敬意をこめてであれ）者がいただろうか？ 長髪をなびかせ，紫色や栗色や淡褐色(ペール・ファッジ)の七分丈ジャケットをきた，チェルシーの少年たちはその名になにも感じないし，ミニ・スカートでかろやかにあるく少女たちは目もやろうとしない．

しかしながら，さすがジョゼフ・ロージー，あの名作『召使』の監督はこの建物を見のがすことなく，映画最初のシークエンスの中心につかっている．

ついでだが，いまこの建物には"SKIN"という商店がはいっている．この簡単な名前は，流行のスウェードなどの革製品販売店にはぴったりである．元クラッパー社のなん人かは，まえを通るとき目をつぶってしまうと私にかたった．

建物のとなりは,「若者たち(ガイズ・シ・ドールズ)」というコーヒー・バー・レストランで, その掲示には,「特別朝食　午前9-12時」とある. そんな時間帯にまで, 朝食を提供するようなレストランをみるまで生きなかったトーマス・クラッパーは幸せ者だったろう. 未来の世代のため, 便利な水槽(シスタン)をつくる苦労をしていた, この職人発明家は, 1日の仕事を12時にはおえていたであろうから.

　チェルシーからウェストミンスター修道院(アビィ)まで私はあるいた. イーディス・クラッパーの言葉どおりに, クラッパーの名がそこにあるのを確かめるために. 舗装道路になると, マンホール蓋の名前に注意をはらった. おおかったのは "HEYWARD LTD LONDON S. E. 1" で, "S W FARMER LONDON S. E. 13" もあった. そして, マンホール蓋記録者(スポッター)にとっては貴重だろうが, 1つだけあったのは, "A SMELLIE LONDON W. C." である.

　どれも残念ながら, クラッパー製品ではない. しかし, 修道院にちかづき,「主任司祭の中庭」とよばれる庭をよこぎって建物の主部にはいったとき, 私は疑いかけたことを恥じた.

　回廊を歩いてゆく足もとの墓石には名前がきざまれている(12).「エドワード・タフネル1719」……「ウィリアム・ポスタード1201」……　盲目の学者「アンドルー・フィッシャー1614」(『典礼の守り』の著者) ……「ウィリアム・シェフィールド,

音楽家・作曲家1748-1829」……そして，マンホール蓋のうえではあるが，「Th. クラッパー　チェルシーの衛生技師」とたしかにある．

つまり，その名は先賢らの名とともにとどめられているのである．

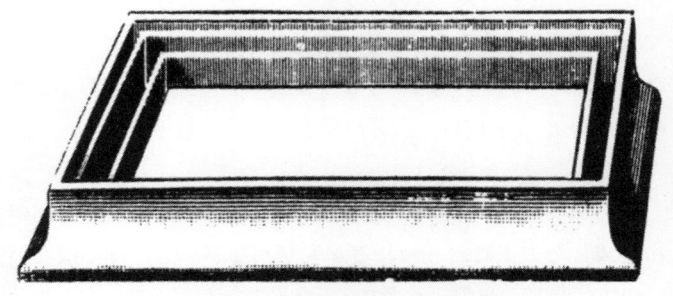

図22　クラッパー製作のマンホールとその蓋

付録
クラッパー社の再興——訳者補足——

　著者レイバーンは，トーマス・クラッパーの会社については，チェルシーの高級住宅街の大通りキングズ・ロード（第2次大戦後にはミニスカートなど，若者ファッションの発信地にもなる）に社屋を建てたのち，経営を共同経営者のウェアラムに任せて引退し，その死後約半世紀をへた1966年に「企業買収会社」に買い取られ，キングズ・ロードの社屋も閉鎖されたところまで述べて，本書（1969刊）を終えた．その後のクラッパー社はどうなったか，幸いブリティッシュ・カウンシル（東京）で発見できた同社のホームページとそのマネージング・ディレクター，S・カービー氏からもらったファックスの内容をまとめておこう（[ ] 内は，訳者の補注）．

・・・・・・・・

　トーマス・クラッパー社（Thomas Crapper & Co.）は1966年に消滅したようにおもわれるかもしれないが，そうではない．1950年代後半からの経営者R. G. ウェアラム（クラッパーの共

同経営者だったR. M. ウェアラムの息子）によって売却されたのである．1910年トーマス・クラッパーの死後，会社経営は，R. M. ウェアラムとクラッパーの甥ジョージ・クラッパーによって続けられていた．

　王室御用達として有名だった同社は創立者の伝統を守って，きわめて高い技術力と品質を保持していた（トーマス・クラッパーは9つの特許を保持；同業他社製品まで，よく修理に持ちこまれるほどであった）．1920-1930年代に浴室のアール・デコ［華麗な色彩と幾何学的模様が特徴］時代がくると，社はその先頭をきって奇抜なデザインの新型を送りだし，30年代には大胆な色彩をもちい，緑，青，ピンク，黄，アイボリー，琥珀，さらには黒の色彩をもつ，モダンな衛生器具セットを大量に販売した．

　しかし，多くの英国の会社と同様に，クラッパー社も第2次大戦で打撃をうけ，財政難と社会変動に苦しんだ．1950年代末，経営仲間がいなくなり，ひとり経営責任を担っていたR. G. ウェアラムは引退しようとした［マールバラ工場の売却はこの頃であろう］が，事業を継がせる息子がいなかったので，1966年に地元の競争相手だったジョン・ボウルディング社（John Bolding & Sons Ltd.）を信頼できる会社売却先に選んだ［ライトも，19世紀後半の衛生器具メーカーとして，トワイフォード，ジェニングズなどとともに同社をあげている］．

ところが，業界も驚いたことに，同社はクラッパー社の土地などの有形資産を売却して巨額の利益をえたのである［レイバーンが同社を「企業買収会社」とした所以だろう］．そして，クラッパー社そのものはディビーズ通りにある自社の社屋に移し，「おまけ(デザート)」を頂くため3年間は「クラッパー」を販売した．1969年にボウルディング社は破産して管財人の管理下に置かれ，クラッパー社をふくむその全資産は売却された．

　クラッパー社とボウルディング社は南アフリカ共和国にいた英国人［氏名は不詳］が買い取って，後者は間もなく手放したが，前者は保持しつづけた．つまり，クラッパー社はロンドンで休眠していたわけである．1990年代後半に「クラッパー」に愛着を抱いていた私たちは同社の存在を知って驚いた．多くの人と同じく，60年代に「つぶれた」と思っていたからである．私たちは同社を救いだして，高級浴室器具の製造を再開することに決めた．所有者に売却するよう説得するのに1年かかったが，翌年には商標権をえた．こうして，トーマス・クラッパー社を1999年に再発足させた．したがって，当社は1861年に設立され，1904年に有限会社になった当初の会社であり，所有者が新しくなっただけである（大量の古い特許，会計書類なども保管している）．新しい所有者は，浴室設備業史家，アンティーク便器・洗面台・栓・浴槽収集家で，新社屋はシェークスピアで有名なストラトフォード・オン・エイヴォンにおか

れた.

　こうして，かつて2人の王の御用達として，5つの治世に140年以上も活躍した名門トーマス・クラッパー社は，優れた浴室設備・器具をふたたび製造しており，その中の，懐かしいヴィクトリア朝・エドワード朝時代のクラッパー製品も英国内で正確に複製されている．最近，はるか彼方のニュージーランドで使用されているクラッパー社製水洗トイレが発見されたが，自宅にクラッパー製品をもつ人びとから，当社はたえず連絡をうけており，部品供給や修繕にも応じている．

　最後に，クラッパー社が英国で広く根強い人気を保っているなによりの証拠として，近年テレビにクラッパーと「クラッパー」製品がよく登場していることをあげておこう［訳者は，シドニー大学元教員の小林夫妻から，クラッパーがヴィクトリア朝人というようなBBC番組で扱われていたことをきかされていた］．すなわち，BBCがクラッパーの業績を紹介する番組「ヴィクトリア朝時代の人々の遺産」を2001年から数回放映し，この4年間にBBC「ITVニュース」，子供向けの「青いピーター」「ブレックファスト・テレビジョン」などで計16回，当社が登場している．クラッパー社が有名な歴史的存在であり，かつテレビ業界がその古風な(アンチーク)水洗トイレ・コレクションの撮影を好んでいるからである．

・・・・・・・・

なお，レイバーンが書いた本書は，1969年の初版（英国マクドナルド社刊）以後好評で，1998年のフォース・エステイト社まで数社（うち米国が1社）によって刊行され，テキストは変らないが，クラッパーの写真とマールバラ工場前の彼と社員たちとの写真は1989年までに，版を重ねるごとに鮮明でなくなったためか落とされている［訳者使用の版もそうだったが，カービーのおかげで復元し，追加図版の提供もうけた］．原書の記述には，数ヵ所に誤りがあり，例えば，クラッパーについては，生年1836年を1937年に，没年日1910年1月27日を17日にしている．

（2004年12月記）

図23 ヴィクトリア調のトイレ
現在のクラッパー社複製品セットの一例
（写真は同社提供）

訳　注

第1章　本国が称えなかった先駆者

（1）予言者についての有名な聖書文章は，「預言者は，自分の故郷では歓迎されないものだ」[「新約聖書」日本聖書協会；ルカ4]．マタイ13，マルコ6にも同趣旨の文．

（2）クラッパーを高く評価する欧州，米国，日本の衛生技術書は，訳者の知りえただけでも10点近い．

（3）第14代の英国外交官 J. Montagu 1718-92．12代ではない（第16章補注1末尾参照）．なお，英国爵位名称の前についている名詞は領地名．

（4）普通名詞としては，それぞれ，英国の（以下では略）政治家，外交官の Chesterfield 伯爵第4代 P. D. Stanhope 1694-1773（第15章訳注3）の名に因む，背と布張りの肘掛けをつけ，厚い詰め物で覆った大型ソファ（米国では主に男子用コート；漱石「琴のそら音」ではこの意）；最初に注文した Captain Davenport の名に因むといわれる小型書き物机 1853（主に英国

で. 米国, カナダでは, ベッドにもなるクッションつき長椅子). クリミア戦争1854-56で騎兵として活躍したCardigan伯爵第7代J. T. Brudnell1797-1868の名に因むセーター(ラグラン袖考案者はその英軍司令官Raglan男爵初代F. J. H. Somerset1788-1855とされる. 顎鬚と紙巻きタバコ(シガレット)も同戦争でもたらされた). ワーテルローでナポレオンを破り, Wellington公爵初代になった将軍, 政治家A. Wellesley1769-1852考案の, 履き口前面が膝上までくる革(またはゴム)製長靴(ブーツ)(1860年代半ばまでの一般的紳士靴)の名称(「色々な種類の木とリンゴ」の名称にも[ヒバート②]). なお, 原文でチェスタフィールドとカーディガンにはLord「卿, 閣下」(貴族称号に代わるくだけた尊称)がついているが, 翻訳では分かるかぎり称号にした.

(5) それぞれ, スコットランドの化学者・発明家. Ch. Macintosh1766-1843考案の防水用ゴム引き綿布, 後にレインコートと同意; 同国の技師J. L. McAdam1756-1836考案の, 「大粒の砕石で固めた基礎の上に花崗岩などの強度のある小さな砂利を均等に敷いて踏み固める舗装」によるマカダム道路が19世紀半ばロンドン街路舗装の約77%で(残りはコンクリート基礎に花崗岩か樅材が敷かれた), 蒸気駆動の道路ローラ(ロード)の導入後は欧州主要道にも普及し[谷田], 駅馬車交通が発展[岩間]. ロンドンの帽子製造業者J. &W. Bowlerが1850年に製造した, いわゆる山高帽[第16章訳注1]. 英国の政治家W. E.

Gladstone1809-98の名に因む，両側に開く小型長方形旅行かばん．実用蒸気機関も発明1769した，スコットランドの機械技術者，発明家J. Watt1736-1819の名に因む電力単位名称．米国の社会改革・女権運動家A. J. Bloomer1818-94が禁酒・女性地位向上のための主宰誌「リリー」で提唱（創案は別の米国女性）1949し，大評判になった「ブルーマ」は裾が絞られたトルコ風ズボンと短いスカートで，1890年代自転車愛好女性のニッカーボッカーや二股スカート(キュロット)の先駆．1851年英国で普及講演旅行をした同女史に淑徳尊重のヴィクトリア朝紳士淑女は悪罵を浴びせた（約百年後，その首都はミニスカートを造って償いをする）．なお，キラ『THE BATHROOM』には女性服と用便について次の考察がある．「今［20］世紀に入ってからもヨーロッパの女性は，外出して便所がないときは，時々立って排尿をした．……女性用のズロースとかブルーマは，前世紀のずっと後まで普及していなかった……．それゆえ婦人たちは，……だぶだぶで床まである長いドレスを着て，道端や群衆の中で……こっそり用を足せた．」日本でも，「京女」だけでなく，広く行われたことである［安岡ほか］．

（6）ドイツの技術者R. Diesel1858-1913は1897年ディーゼル機関を発明．ドイツの物理学者G. D. Fahrenheit1686-1736は温度計の華氏目盛を発明（米国で使用）．ドイツの物理学者G. S. Ohm1787-1854の名は電気抵抗単位名称に採用．イタリアの物

理学者,電池発明者A. Volta 1745-1827の名は電位差・電動力単位名称に採用.米国の製帽業者J. B. Stetson1830-1906がつば広,山高のフェルト帽(とくにカウボーイ帽やテンガロン帽)の商標にした自姓.

(7)テムズ川の北岸,ウェストミンスター地区西方にあり,主人公が終生はなれなかった地区.

補注1.★チェルシー今昔　昔は川の眺めがよい漁村で,学者,政治家で,『ユートピア』作者のトーマス・モア1478-1535が居住してから王族,貴族が住みだし,19世紀初めからは芸術家もふえ[相原],やがて産業革命で大拡張するロンドン(第6章訳注3)に呑み込まれた.同世紀半ばまでは王立廃兵院(ロイヤル・ホスピタル)1689-のほか,磁器工場と大遊園地(南岸のヴォクソール遊園地(ガーデンズ)1732-1859[注]と人気を競ったラニラ遊園地1741-1803と,19世紀後半ヴォクソールをしのいだクリモーン遊園地1845-77[谷田]で知られるだけの郊外で,「19世紀末に,ロンドンの一部とは見られていても,今よりも郊外(アウター)扱いされていただろう」[Kirby].20世紀には公園の多い高級住宅地となり,第2次大戦後はキングズ・ロードの生み出すミニスカートなどの若者ファッションを送りだし,最近ではロシア大富豪の買収したサッカー・チーム本拠地としても話題になった.女性名(例えば,元米大統領クリントンの娘)にもなり,日本ではキャンディ名として1970年代から有名.なお,麗し

のチェルシーが汚染飲料水で有名になったのは1827年3月で，「タイムズ」紙のパンフ『海豚(ドルフィン)』(取水口浮標の名称でもあった)が，ウェストミンスター地区に給水する水道会社のテムズ川取水口が下水放出口(と廃兵院)のそばにあるとの指摘で，「ロンドン中が大騒ぎになった」［見市］．［注］その名は欧州に広く轟き，バイロンの「ベッポー」(第7章訳注9参照)にも歌われたが，18世紀後期ロシアでも「遊園地」，ついで「駅舎」を指す普通名詞となった(首都郊外のパウロフスク駅舎での例夏演奏会から)．

　補注2．★チェルシーの3外国人　①1764年6月末，8歳のW. A. モーツァルト1756-91はラニラのロタンダ・ホールでの自作演奏会の後，8月から約2か月を急病後の保養をした父とこの市外地ですごした［小池②］．②1901年に夏目漱石は，ロンドン中心部には「ウェストミンスター・アビィ［大修道院］とセント・ポールズ［大聖堂］の高塔の頂のみ」が裏窓からみえる田舎とカーライルが述べた「1834年のチェルシーと今日のチェルシーとはまるで別物」で，同じ2階東窓から首をのばしてもそれらは見えなかった，と書いた(「カーライル博物館」第2章訳注15参照)．③1849年秋，亡命してきたばかりのK. マルクス1818-83(ロンドン)は高級住宅街になっていた近くに，うっかり家族と下宿し，ほどなく家財を差押えられて旧市内へと逃げだした［小池①］．

（8）著者によれば，crapperは第1次大戦後に米国でトイレの俗称となり，その派生語crapが英国にはいる（第14章に詳述）．

（9）イングランド北部（ロンドンの北方）で，1974年3州に分割．Thorneは南ヨークシア州南端．クラッパー社ホームページによれば，生年は1936年．

（10）ヴィクトリア1819-の治世1837-1901は「世界の帝国，工場」英国の最盛期で，内外に多くの歪みも生れた．その一つが人口急増と水洗トイレ普及に対応できなかったロンドン水道であり，下水放出先と市民大多数の飲用水源を兼ねていたテムズ川のひどい汚染が悪臭や疫病（中期にはコレラ大流行）の原因となった．そして，汚染は普及しはじめた水洗で促進された．1860年代半ば首都事業局（またの訳は土木庁）技師長J. バザルジェット卿（騎士1874）1783-1891が下流放出の幹線下水道を造る一方で，クラッパーは高い洗浄・節水能力をもつ水洗水槽を開発した．第2章訳注9参照．

（11）いずれも動詞＋-erで，それぞれ普通名詞「肉屋」，「パン屋」，「大工」からの姓．

（12）cropの動詞義．第14章参照．

（13）南ヨークシア州北部のドン川に臨む炭鉱町．ソーンはその下流．

（14）ディケンズ「デイヴィッド・コパフィールド」1850で少年が歩いたロンドン－ドゥヴァー間直線距離は約100キロ．

（15）1833年改定．英国での労働時間を制限する法律，いわゆる工場法は現在も女性，年少者についてのみで，18歳以上の男子にはない（炭坑などを除く）．1802年制定の後，19年，25年，31年，33年，44年，47年に主要改定．目的は，まず工場での年少者の，ついで労働者全般の労働時間短縮（児童就労年齢制限も含む）だった（19世紀初め工場労働時間は1日14～15時間で，大勢の10歳未満を含む未成年者の労働時間は成人と同一なのに賃金は1／6から1／3）．実効をもったのが，工場監督官立ち入りを加えた33年法からである．19世紀前半，つまり「産業革命」後半50年間には労働運動におされて（1839-42年にチャーチスト運動の最高揚）改定が続き，47年改定により繊維工場で10時間労働日（週74時間から60時間に短縮）が女性，年少者に適用され成人男子は少なかったから実質的に全員への適用となった［北岡ほか，角山ほか］．

第2章　チェルシーの少年水道工
（1）主人公の奉公（アプレンティス）は10年，つづく職人勤めは3年［クラッパー社ホームページ］．

補注1．★徒弟制度　19世紀に「成功や富」への道は，「しばしば年季奉公という道に沿って開かれていた．外科医，弁護士，婦人帽子屋，教師，靴屋」などは開業前に「師匠（マスター）について訓練を受けるのである．…1563年に制定された年季奉公法に

より，7年以上の年季奉公」なしに，業務を始めるのは「違法と見なされ」ていて，「この法律が完全に廃止されるのは，1875年になってから」である［プール］．1814年に廃止された法が多くの職種では長年実効をもっていた［北岡ほか］．法に制約された職種は制定時指定のもののみで，本訳で「水道業者」「配管工」などとも訳したplumberの初出は15世紀［M. -Webster Dic.］．

（2）勅許をえた自治行区Royal Cherseaとも言われたチェルシーは1888-1965年に東側のウェストミンスター市（王権・国政の中心）などとともに環状のロンドン県(カウティ)（州）を構成（1901年からケンジントン＝チェルシー勅認自治区部分；第6章訳注3），65年同県は内(インナー)ロンドンとしてロンドン市(シティ)（金融・商業の中心；貧困で有名だった地区のイースト・エンドを含む），外(アウター)ロンドンとともに大ロンドンを形成．なお，以下「自治区」は単に「地区」とする．

（3）チャールズ2世1630-85がよく往来したことからの名称．チェルシー地域の大通りで，後に1866年，クラッパー社ができる（第16章）．戦後，ミニスカート，パンクなどの若者ファッションの発信地として有名．

補注2．★邸宅の代わりに廃兵院を　キングズ・ロードに並行し，テムズ川との間を走るクイーンズ・ロードもあったが，1689年その脇にできた建物の名に因み，王立廃兵院通り(ロイヤル・ホスピタル・ロード)と改

名された．劇場オレンジ売りから女優になった愛人ネル・グゥインのもとに「キングズ・ロード」で通っていたチャールズ2世が古い屋敷を贈ろうとすると，貧者思いのネルに，その代わりに老・傷病兵保養所建設を，といわれ，名建築家レンに設計を命じたという．

(4) 第17章参照．

(5) 貧乏な労働者は「仕事場まで何マイルも歩いて往復ということが多かった」が，不便なので，「悪名高い『ルーカリーズ』」，つまり「ネズミの巣みたいな下宿」が「街の真ん中に誕生した．……ウェストミンスターのチャーチ・レーン［通り］では，1841年，27室に655人」いたが，「1847年には1095人にはね上がる．」郊外住宅からの労働者通勤は，鉄道，ついで地下鉄がかなり発達する19世紀末からで，「1883年，政府が鉄道会社に早朝割引運賃を設定させる」と，「一夜にして……労働者向け（今でもそう）近郊ができあがった」［ファーマン］．

(6) フランスの「オムニビュス」（ラテン語omnibus「万人のために」から）が導入され，1829年ロンドンでの初運行（パディングトン‐バンク間）は3頭立て16人乗り，全区間1シリング，半区間6ペニー．中心部にも進出し，1847年に2頭立て2階建て22名乗り（車内席12，背中合わせの屋根席10）登場の頃には料金もずっと下げられ（例えば，チャリング・クロス‐カムデン・タウン間1ペニー），「朝は8時頃から夜12

時まで,最も忙しい通勤帯でほぼ5分ごとに運行された.」席に階級差別のない「民主的な足」は好評で,1951年万国博覧会の頃には3000台以上になった.英国初のガソリン「モーター・オムニバス」が1900年に運行を始めたが,馬車式は1911年まで走ったといわれる［谷田］.80年代には26人乗り,屋根席は14となり［プール,シーマン］,前向きとなり［谷田］,1901年には「モーターを使う電気自動車」が登場したともいう［ファーマン］.

(7) 主人公が徒弟となった19世紀中期の労賃を簡潔にまとめた統計はみつけられなかったが,幸い配管工労働条件を含む資料は見つけたので引用する（未成年者は成人と同一の労働で賃金は1/6 - 1/3だったことは第1章訳注15で既述）.「水道工事ブーム」のおかげで「水道屋」の「ステータスと賃金は年々上昇」したことは,週労働時間と週給の変化から明らかで,1837年54時間（土曜全日）27シリング,44年54時間（土曜全日）30シリング,55年61時間半（土曜は午後4時まで）33シリング,61-73年58時間半（土曜は午後1時まで）35シリング10ペニー［ライト；訳注19後半.北岡ほかでは1830-60年代の労賃が概括］.

補注3. ★バスタブの値段と児童の賃金　19世紀中期の労賃について,具体的記述例を参考にメモしておく.①「1821年」頃「3巻本の小説(スリー・デッカー)」の値段は「普通1冊半ギニー（10シリン

グ6ペンス)＝ほぼ労働者の週給に匹敵」し(紙税のため上流以外は本は借りて読んだ)，50年代半ば，「亜鉛メッキ……鉄製バスタブが……30シリング‐当時の労働者の週給の約1.5倍に相当」した［谷田］．②作家Ch. ディケンズが1824年に靴墨会社で「苛酷なものとは言えなかった」条件(8時-20時，昼休み1時間，16時頃お茶休み30分)の単純労働で「週給6シリング，つまり1日1シリング」は12歳にしては「かなり割のいい仕事」だったろう［小池①］．③「チャドウィック［第10章訳注12］の1842年衛生報告に収録されたインタビューから……．答えているのは52歳の仕立業者．……大手仕立作業場で」の仕事について．「{答え}時給が6ペンスでしたから，丸々1日働けば6シリング，1週間では36シリング……．{質問}……貯えができたのでは．{答え}いいえ．週末にはほとんど全員が文なしに……」［主に，食事代わりのビール，ジンのため］［見市］．なお，60代の平均的中産階級，上層労働者階級の年収は約80ポンド＝月給6.67ポンド＝週約1.67ポンド［シーマン］．

(8) 原句electric lightは「白熱電球，電灯」．その発明は英国のJ. W. スワンにより1878年(T. エジソンは翌年)，大量生産開始は1881年以後だから，ここは正確には，1839年にJ. デュボスクが発明したアーク灯arc light，～ lamp (まず街灯，娯楽施設などに使用)．19世紀は，一般家庭では鯨油のオイル・ランプからガス灯にゆっくり転換した時代で，電気ランプ，つまり

電灯に代るのは20世紀になってから［谷田］．

補注4．★ロンドンの照明　オイル・ランプに代るガス灯は，街灯（1813年世界で初めてウェストミンスター橋に），酒場，劇場などの照明として，「ヴィクトリア朝が始まる10年前までには，ロンドン中に普及し」，裏通りにも点いた街灯は「激増する犯罪」の防止，煙突掃除少年の減少に貢献したが，一般家庭照明としては「1840〜60年代」にゆっくり採用されていっただけで，コイン投入式ガスメータが「世紀転換期」に普及し，ケンジントンなどでは，1950年代半ばでも，「長い竿（ポール）をもった［街灯］点灯夫の姿がみられたという．」　アーク灯は，まず1878年ゲイエティ劇場に，それからテムズ川堤（エンバンクメント）防に現れた（いずれもフランス人施工）が，家庭向きでなく，「コスト面でガスに劣り，実用的ではなかった．」しかし，「真空フィラメント［白熱］電球の発明によってこの状況は一変」し，英国エディソン社発電所開設の1882年から電灯はゆるやかに普及し始め，「1890年以後蒸気機関だった地下鉄も電化されだした．」だが，一般に「電灯がガス灯に取って代わる」のは，1920〜30年代であった」［谷田，蛭川ほか］．

(9)　チャーチスト運動のことで，1848年の「超大デモ」で終息したとされる．この運動は「1848年以前のヨーロッパの労働運動を最も力強く表現して」おり，「レーニンはそれを『純粋に大衆に依拠し，政治的に組織された最初のプロレタリア革

命運動』と形容している……」[トリスタン編注].

補注5. ★人民と労働者の「憲章(チャート)」　「1842年イギリスに激しく襲いかかり,恐ろしい貧困状態をもたらした経済不況（当時5人に1人が救貧院［第10章訳注12］の世話になっていた）」のなかで,憎悪の的の救貧院が象徴する「新救貧法［1834］と選挙法改正案に対する不満」が広がり,「労働組合の運動がうまく進まないことにも不満」があり,「1830年代には不穏な動きが続き,〈チャーチスト運動〉と呼ばれる社会改革運動」への支持が高まった.その「名称は,1838年に急進論者のグループが起草した〈人民憲章(ピープルズ・チャーター)〉から採られたもの」で,「政府に男子普通選挙権と秘密投票,平等な選挙区,議会の毎年の改選,議員の財産資格の撤廃,そして議員への歳費の支給を求めている.以上6点の要求が,国中で昼夜を問わず開かれた集会で声高に唱えられた」[ヒバート②].

（10）ハイドパーク角(コーナー)（南東）の目だつ建物（別名 "No. 1 London"［ロンドン1番地］）で,現在のウェリントン記念館 1952-.　1770年代アプスリー男爵邸として建築,1820年ウェリントン公爵が購入,1947年第7代が国に寄贈［蛭川ほか］.

補注6. ★parkは「公」園ではなかった！　ロンドンの現在のおおくのpark,「例えばハイドパークやリージェンツ・パーク［第7章訳注11］」は「王侯貴族の私有地から公園に変わった」[小池①] もので,「公園」が本義ではないから,本訳では

すべて「園」となっていた．時代を無視し，先入観に頼って辞書も調べず，さらに日本語吟味も怠れば，以下の例のような，矛盾や重複した表現ができる．①トリスタン『ロンドン散策』：広大な土地をもち，民衆のおかげで稼いだ金を浪費している「貴族階級」は，大邸宅，大宮殿，別荘を美しい地区に所有しながら，「さらに，自分たちのためだけに，その地区を飾るすべての，無数の小公園をも独占しているのである．」（フランス語のロンドン観察記の訳だが，時代は19世紀であるし，フランス語parcが英語parkのもとである．）②谷田『ヴィクトリア朝百貨事典』：スプリング・ガーデンズ（のちの有名なヴォクソール・ガーデンズ1732-1859）が「公共の公園」．（以上の引例での傍点は引用者）．

(11) 1968年には反ヴェトナム戦争の大デモ．

(12) 一般的な週労働時間について．好況だった水道業では，本章訳注7に引用した資料によれば，クラッパー上京の1837年にすでに54時間．

(13) 堤防完成（1874）前のチェルシー風景をウェイトマン『図説テムズ河物語』の図からよく窺える．各種の舟を背景に橋と木立のある，1821年の絵（205頁；「水洗便所の普及により河の汚染が始まった」時期との説明），築堤「直前」（岸はすでに高くなっている）の1865年の絵2枚－川岸の家並み（226-7頁）とボート競争大会（227-8頁）．図版の多い同書には，チ

ェルシー近くで網をはる漁夫と泳ぐ白鳥を描いた18世紀絵画（第5章前），1752年にテムズから貯水槽に取水していた「チェルシー給水所」(189頁；第1章訳注7での1827年大騒動のもと) の絵もある．

(14) チェルシー橋からアルバート橋まで約1.6kmのテムズ川北岸に下水道埋設と景観・遊歩道確保のため建造1871-74. 同目的で，北岸にはウェストミンスターから旧市街(シティ)の黒衣修道士橋(ブラックフライヤーズ)北端まで約2.5kmのヴィクトリア堤防1864-70, そして南岸にもランベス宮殿からヴォクソール遊園地跡まで約1.5kmのアルバート堤防1866-70があり，これらは首都事業局技師長J. バザルジェット設計・施工の広域下水道網1858-1875の重要部分．

(15) それぞれJ. M. W. Turnerは英国の風景画家1775-1851；J. H. L. Huntは英国の批評家，詩人1784-1859. T. Carlyleはスコットランドの批評家，歴史家1795-1881（第1章補注1）．A. C. Swinburneは英国の詩人，批評家1837-1909. J. A. M. Whistlerは米国の画家1834-1903（59年からロンドンに定住；日本趣味でも有名）．Christina Rossettiは英国の叙情詩人1830-94（兄は画家）．

(16)「1861年ロバート通りにトーマス・クラッパー社を創立し，繁盛しだしたので，同年マールバラ通りに移転した．1904年，有限会社となった」[クラッパー社ホームページ].

(17) マールバラ公爵初代J. チャーチル1650-1722（20世紀の

英国首相ウィンストン・L. スペンサー・チャーチルやチャールズ皇太子妃ダイアナ・F. スペンサーの祖）がスペイン継承戦争中の1704-09年にフランス軍を破った欧州4戦場の地名．なお，同公爵夫妻のためウッドストックに王室が建てた「宮殿(パレス)」の名はBlenheim（英語発音で「ブレニム」；ドイツ名はBlindheim）．Marlboroughは英国の代表的なパブリック校の称ともなり，Marlboroとも綴られて（原書のクラッパー工場名も），英国の菓子名や米国の地名，タバコ商標ともなっている．

(18) そのほか，ロンドンではlane, square, gardens, placeなども「通り」である．

(19) 濃霧，交通渋滞とともに下水道不備が名物だったロンドンでは，19世紀前半にコレラ（流行は1931年から）対策のために水洗トイレがさかんになり，浴槽設置も始まり，人口急増（第6章訳注3）もあって激増する排水を受ける住宅下水管，それがつながる下水道の整備も盛んとなり，第3回コレラ大流行1853-54のあった「1850年代は，セスピット［糞尿溜め］を下水道にとりかえる工事がかなりすすみ」（第3章訳注3），1861-65年にはテムズ両岸「大バイパス［幹線］下水道」（下流での放流のため）工事が進行し，完成とともに，トイレ水道化の義務づけもあり「水道屋」は大繁盛だった［鯖田①］．

(20) 後に1階正面展示が「お上品な」ヴィクトリア人を驚かせる．陰にあった，不潔な物とされていた便器，浴槽などを

クラッパーは「昇格」させ，始めて大ガラス窓のなかに飾られた「陶芸品」は大評判となった．覗きにきた淑女たちがその壮観さに失神した，と言われている．もちろん，器具模型持参の訪問販売も行われた．[クラッパー社ホームページ] 図2，図9を参照．

第3章　確実な水洗も節水も ―― 「引き流し」式トイレの誕生

(1) 主人公開発の円筒サイフォン式水槽は1960年まで製造された大人気商品．その有名な宣伝文句は「ひと引きすれば洗浄ばっちりA certain flush with every pull」[Halliday]．副章題はこの方式の準名称で，原文は "Pull and Let Go"．

(2) 19世紀半ばロンドンの8社中の5社は「テームズ河を主な水源にして」[鯖田①]，水槽に貯え，主に無処理で給水しており（第1章訳注7），1865年幹線下水道完成までは建物からの排水が方ぼうでテムズ川に放出されていた（尿類の投棄は禁じられているが黙認）．その汚染は人口急増（第6章訳注3）と水洗トイレ普及で加速され，悪臭やコレラ流行などの重大結果となった．ロンドンでのテムズは感潮河川である．すべての会社を買収しての首都水道局設立は1902年．

(3) 条約施行後に確認された資料だが，1850年から56年までの6年間にロンドンの水洗トイレ使用住宅は約27万6千戸

から33万戸に増え，その消費水量は1日当り各戸160ガロンから244ガロンに激増した［Halliday］．なお，現在の家庭用ロータンク式の水槽容量（1回分）は，イギリス，フランスでは2ガロン（約9リットル）が標準（図5のハイタンク式を参照），日本では8リットル，昔より規制を強めた米国では6リットルが主流［平田②］．フラッシュ弁式（日本では非家庭用トイレで採用）での標準水量は11リットルか13リットル［TOTOカタログ］．

（4）18世紀後半，とくに1780年頃以後考案の仕切り弁（バルブ）（便器内で鉢と排水管の間で悪臭を遮断し，開閉し，貯水する金属機構）つき水洗便器多種（サイフォン式のUトラップ，Sトラップのついたもあった）のうち，1778年J．ブラーマのUトラップつきが特に普及していた（上・中流層に）が，1860年代には高所に水槽をもつようになり（ハイタンク式），防臭と排出のためのトラップも改良された．その後，クラッパーが大改良したハイタンク式水槽（本章）と1870年頃トワイフォードが開発した「台座形（ペデスタル）」陶製便器（弁はなく，Sトラップがつく；第9章）の組合せが20世紀半ばまで使用される．1890年代になると，水槽が便器に近づくロータンク式が誕生（やがては便器に密着）．Sトラップが強力となり（二重式，噴流孔（ジェット）つきなど），さらには水槽のない洗浄弁式（フラッシュ・バルブ）（一定時間一定量放水後に自動的に閉じる）が開発される．なお，水の代りに土砂など

を使う土砂散布式便器(アース・クロゼット)は1860年にH. モウル師により考案され，改良型は同世紀末にも使用されていた（日本も「サンド式便器」として輸入）[蛭川ほか，大熊，プール，ライト].

補注1. ★ブラーマも徒弟あがりの発明家　クラッパーより水洗トイレ史では有名なJ. Bramah 1748-1814はクラッパーと同郷（ヨークシア）の農民の子で，大工徒弟になるため上京し，発明家となった．1778年ある個人住宅への水洗便器設置をたのまれた家具職人は新「機構」(メカニズム)を考案し特許も取得し，1797年までに6000個以上を製作し，その会社は1890年まで製造を続けたが，「その普及は，排出先の古びた下水道をいためつけることになった」．18の特許を含む発明には，水圧機，いつも尖っている鉛筆，銀行券番号印字機，船舶用の初期スクリュー機構などもある．その1つ，あけられない(アンピッカブル)「ブラーマ錠」(ロック)の解錠への懸賞金200ポンドは1851年世界初のロンドン万博会場で米人が獲得[Halliday；1890年までの製造はライトによるとの注記].

（5）ロンドンでのペスト流行は17世紀で終ったが，新顔であるコレラが19世紀に4回――1831-32年（インドからモスクワ経由；英国で約3万人死亡），48-49年，53-54年，66年――も都市中心に大流行．原因について，1850年代でも，ドイツ学説鵜のみの英医学界の空気伝染説が開業医J. スノウらの飲用水汚染説を斥けており，チフス，天然痘はありふれた病気だった

(王・貴族間でも；第6章)．このように，1865年の幹線下水道完成（第2章訳注19）の頃まで，ロンドン上下水道は人間が飲み汚すテムズ川の循環路であり，水洗トイレ・浴槽普及はその汚染を激化させた［北岡ほか，鯖田①，ヒバート②］．ロンドンでのコレラ流行，水の汚染，それへの対策などは，見市，鯖田①②，松村ほか，シーマン，ヒバート①，ヒューズなどの諸論考に詳しい．なお，コレラの原因はコッホの菌発見1884で明白となり，偶然にもその頃日本海軍では脚気病が軍医高木兼寛(かねひろ)の食餌改善で根絶されたが，以後も細菌説に固執し続けた日本医学界・陸軍が奉じていたのもドイツ医学である．スノウや高木の功績は「疫病の制圧に病原体の同定が必要条件ではないということの例」である［知人にして科学史家，北村美都穂］．

手引きサイフォン式

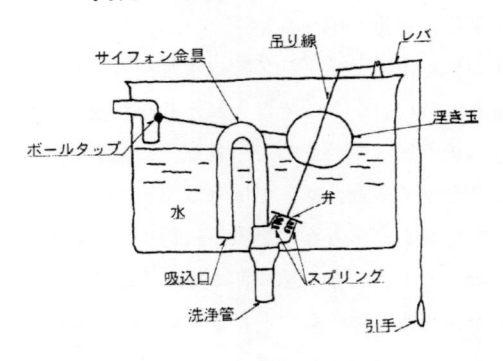

（図：サイフォン金具，吊り線，レバ，ボールタップ，浮き玉，水，弁，吸込口，スプリング，洗浄管，引手）

(6) 原書の書かれた1960年代末にヨーロッパのほか,オーストラリア,東南アジアの旧英国植民地のハイタンクは本書のような円筒サイフォン式の構造だが,日本のハイタンクは下図のように「手引き式」といわれ,鎖を引いて槽内のサイフォン管の弁のスプリングを縮めて水を入れ,そのサイフォン作用で洗浄管に導水するもので,米国式だろう［平田純一談；TOTO資料による構造断面図は浅野美夏作］.

なお,本文の「百年まえ」は「2百年まえ」であろう（これら両名については第1章訳注5,同6を参照）.

(7) 鎖を引いていることが水槽の給水栓を開けていることではなくなったから.

(8) 英国の技術者G. Stephenson 1781-1848は最初の蒸気機関車を製作,運転1814.

(9) 米国人W. & O. Wright1867-1912, 1871-1948は初めて動力飛行機を製作,飛行1903.

(10)「19世紀中頃,イギリスで給水設備と下水処理施設の改善がなされ,特にロンドンでは大がかりな計画がもちあがった.すでにガス管が通っていたので,各家庭に直接引かれる水道水も温めることができた.家庭では水は屋根裏か屋根の上のタンクに貯めておかれた.もう水を汲みに行ったり運んだりする必要もなくなったし,2階に運ぶ前に温める必要もなくなり,家庭には浴室が据えつけられた.たいてい……寝室だった場所に

造られた」[ヒューズ；図6試験パネル]．ロンドンの住宅では寝室は通常2階．典型的な間取りは第10章訳注13を参照．

（11）同博覧会金賞をえたG．ジェニングズ（第8章訳注8）製作「台座形便器(ペデスタル・ヴェイス)」による実験［ライト；同書の「流されたもの」には，本書の「風船玉」がない]．第3章訳注11参照．

（12）英国，オーストラリア，ニュージーランドなどのオールスター・チーム間の国際クリケット優勝決定戦．J. Laker1922-86は英国の名クリケット選手（とくに50年代に投手で活躍）で，1965年対豪州戦で打者20人中19人をアウトにした．

（13）シャンクズという技術者は徒弟の帽子(キャップ)をほうりこむ「単純なテスト」をした［ライト］．

（14）米国の漫画家1904-68．

第4章　鎖が動かなくなるのは……

（1）欧米住宅の浴室には通常，洗面所，トイレが併設．衛生器具にはケチという習癖に，ライトも，「バスよりテレビか」の見出しで，巻末2頁を捧げている．

（2）第2次大戦中，ロンドンはドイツの猛爆をうけた．

（3）ハイドパークの西側，チェルシーの北西側の地区で，大ロンドン中部のケンジントン＝チェルシー自治区1901-部分．19世紀から開発されて，現在は高級な商店，住宅，外国公館

も多い.

(4) 原句は mews flats. mewの原義は,「鷹をいれる鳥屋」だが,跡地に王室厩舎がよく建ったので,「裏通りに並ぶ厩舎」,さらに「裏通りの零細住宅街」の義に［ラスムッセン訳注,「朝日新聞」2004.12.22］.

(5) 19世紀後半開発のケンジントン地区南部.地名は以前あったオクスフォード伯爵荘園管理所からという説［渡辺］によったが,後の領主 Earls of Warwick and Holland の元邸宅（大演奏会場開設1937）からとする説［蛭川ほか］もある.

第5章　どうか音がもれませんように！

(1) トラップとは,「一般的には水封トラップ」で,便器では下部の「管内の気体が室内へ逆流すること,および衛生害虫などの侵入を防止する装置」で,サイフォン作用を起こせるものは「Sトラップ,Pトラップ,Uトラップなど」［『井上・建止め』］.

(2) テムズ川北岸,議事堂西側のゴチック様式建築で,戴冠,王族結婚などの式場となるほか,王族・国家功労者の墓,多くの文学者の墓碑や記念碑のある「詩人記念隅」（ポエッツ・コーナー）（第13章訳注11）,第1次大戦死者代表の1兵士を埋めた「無名戦士の墓」がある.「ウェストミンスター」は「西の教会堂」の意（7世紀に聖ピーター（ペテロ）の指示で王が建立といわれる）で,東の聖ポール（パウロ）大聖

堂と対をなしたが、いまは宗教聖所ではない。英和辞書も含め多くの書がabbeyを「寺院」としているのは誤り（英国史はもちろん、西南方にある英国カトリックの大本山Westminster Cathedralの存在を無視）。

　補注1．★画家、俳優の記念隅も　聖ポール大聖堂にも文学者の「記念隅」はあるが、画家の墓の多い地下聖所(クリプト)が「画家記念隅(ペインターズ・コーナー)」として有名で、同聖堂北西方の「新門外(ニューゲイト)の聖安置所(セパルカ)」教会（中世にタイバン処刑場——ハイドパーク北東端に凱旋門のある所——に囚人が向かうとき鐘をならした）には音楽家記念碑が多く、コヴェント庭園(ガーデン)（昔は青果・花市場、現在は正式名Royal Opera Houseの劇場1732-で有名）の聖ポール教会には演劇人墓碑が多いので、それぞれに「音楽家教会(ミュージシャンズ・チャーチ)」、「演劇人教会(アクターズ・チャーチ)」の別名をもつ［桜井］。

　(3)　原句はpeer's bladder. 貴族は上院議会での長時間討論に耐えねばならないこと、また、大酒を飲む習性があることから生まれた表現だろう［Kirby］。

　(4)　ウェストミンスター大修道院(アビィ)の西方、バッキンガム宮殿（王住居）の手前にあり（1834-）、聖ジェイコブズ園(ヤコブ・パーク)西端に面する（鳥かご通り(バードケージ・ウォーク)）。

　(5)　トランプ遊びのポーカでは最高の役（同種のキングなど上位4枚がつながる組合せ）だが、ここは、royalに「王室の」と「すばらしい」の、flushには「洗浄」と「興奮」の両義をも

訳　注　159

たせている.「引き手」は図7を参照.

第6章　水道工事は命がけ

(1) ヴィクトリア女王［R.］は1877年インド女帝［I.］にもなった.

(2) 第3章訳注2, 同5を参照. とくに1858年夏のテムズの凄まじい悪臭は「大汚臭(ザ・グレイト・スティンク)」として記念されている（Hallidayの書名にも）. なお, 1664年11月から1665年3月までの首都は寒波に襲われ, ペストが大流行（約数万の死者）し,「（ロンドン）大疫病(ザ・グレイト・プラグ)」といわれる.

(3) 大ロンドン人口は, 1801年約100万（英国人口の約10%）, 1861年に約320万, 1901年には約650万（同上約17%; 国勢調査は10年毎）. 第2章訳注2参照.

(4) ロンドン北方のケンブリッジの西端を北東に流れる. この市名はCam+bridge. ついでに, もう1つの古典校のあるOxfordは, 市紋の示すとおり, Ox（雄牛）+ford（浅瀬）.

(5) 『進化論』の著者, ダーウィンの次男（三位一体学寮特別研究員）の娘で, 画家のG. Raverat 1885-1957（フランス人と結婚）の"Period Piece：A Cambridge Childhood" 1952. 当時の知識人の私生活, 型破りの少女の記録として同地でなお愛読されているという（邦題は竹内玲子訳／秀文インターナショナルによる）.

(6) この橋からのケム川の眺めはヨーロッパで屈指とされる．岸に近いTrinity College 1324-はこの大学31学寮中最大．なお，19世紀初めまで英国の大学はオクスフォード（12世紀創設）とここ（13世紀創設）だけ．

(7) 英語loo「トイレ」（初出1940年）の起源は不明だが，フランス語le lieu（the place）の誤った発音に由来という説や，英国主婦が窓からバケツ中味を投げすてる時の警告"Gardy loo"（フランス語Gardez l'eau「水にご注意」）の短縮形という説がある．ローマ以後，水洗式は西欧で捨てられ，東方圏に残った．

(8) ロンドン北部に発し，シティ西部の黒衣修道士橋（ブラックフライヤーズ）の袂でテムズに注ぐが，ひどい汚染（17世紀には用便所にもなった）のため，fleet「入江」は「下水溝」の義ももつようになり，18世紀半ばから19世紀半ばまでに全域が暗渠化され，中流からテムズまでは3つの通りとなった．最後の工事が1866年完成の最上部のファリンドン通り（ロード）（スラムのあと）で，著者が1844年完工とした道路（真ん中）は1744年完工である．最下部の新橋通りは黒衣橋で終る．そのテムズ下流方向2番目の橋のロンドン橋にも，中世には約140軒もの有料トイレ屋が並び，その廃止は14世紀半ばのペスト流行の後であった［鯖田①］．同ブリッジでの揚水については，第1章訳注7，第14章補注2（日本の厠）を参照．

(9) 現在の地名の前半shiteはshit（俗・卑語「大便」）と同義

の俗語，後半は stream, brook と同義.

（10）19世紀中期までロンドンで水洗便所のある家庭はなお少なく（1840年頃「都心部では住宅の3分の1ぐらいが水洗トイレをそなえつけていたといわれる」[鯖田①]），多くの上・中流住宅でも汚水槽(セスプール)（おまるなどの中味を貯める；屎と尿の非分離にも注目）と野外便所を使用し，汚水槽(プリリヴィ)（約1.6立方メートル）はほぼ2年おきに汲みとられ，屋外便所の屎尿は早朝にあつめられて周辺農地にはこばれたが，水洗普及とともに下水中の汚物もふえ，1865年幹線下水道完成まではテムズ（主な取水源！）に直接入っていた［主に谷田；注での用語，ルビも同書のまま］．術語として，cesspoolの容量は cesspit より大だが，谷田書でも使いわけられていないようだ.

補注1．★屎尿の処理　本書では，ヨーロッパ水洗先進国での屎尿（「糞尿」と同じ）の屋内での処理，つまり排水（高効率の洗浄，騒音・臭気の除去，第10章の分離式排水溝）に留まり，その先の公共排水管路や汚水処理（事業局技師長バザルジェットの仕事）が暗示されているだけなので，訳注も重要な公共処理は扱わない．しかし，英国（と欧州）と日本（とアジア）には排泄物の個人的・社会的処理法（平たく言えば，排泄の後始末，大小便の分離，肥料への利用）にカルチャーショックともいえるほどの差があるし，日本の専門家たちのなかには屎尿一括処理に始まる西欧式水洗を進歩ではなく，生態循環の

破壊とみなす人もいるほどであるようだ［例：大野盛雄・小島麗逸編著『アジア厠考』勁草書房1994，李家；李家は古代の東西糞尿処理史や，ローマ以後の回教圏での水洗便所の継続にも触れている］．

（11）歴代英国王の居城で，テムズ川に臨む都市ウィンザー（バークシア州東部）にある．直後の「田舎館(カントリー・ハウス)」は第8章訳注3を参照．

（12）鉱山用安全灯を考案し，騎士爵位(ナイト)（准男爵(バロネット)の下）を受けたH. Davies1778-1829は，「イギリスを世界の工場にする後押しをし，産業革命の名で知られる社会と経済の一大変革で重要な役割を果たした……多くの科学者のひとり」である［ヒバート②］．

（13）建築史家．本書の訳注のためにたびたび参照したライト書は巻頭の謝辞で，まず『建築家雑誌』のラム論文「歴史的概説」をあげ，自著はその「上に育ったものであり，彼があげている参考文献にみちびかれて多くの実りある原典にたどりつくことができた．」としている．なお，英国書では参考文献著者への謝辞が巻頭によくある（例えば，TVドラマ化や邦訳もされているC. デクスター推理物シリーズ）が，日本では巻末で触れられるのはましで（図版などにも出典，作者名のないのは普通），いわゆる盗用という他者著作無断使用が茶飯事である．

（14）英国は1917年からパレスチナを委任統治していたが，ユダヤ人とアラブ人への二枚舌政策のせいもあり，両者間紛争は現在同様に絶えなかった．1948年5月，英国はその統治を放棄，ユダヤ人はイスラエルを建国．

（15）「中世欧州城砦の便所」も意味し（フランス語より），排出物が外に落下する構造をもち（多くは端部が壁から突出），塔内で穴が円状に配置された「尻つき合わせ」型もあった［海野ほか］．当然，「ネセサリウム（必要欠くべからざる家）」という語とともに，単にトイレの意にもなった［ライト］．

（16）有機塩素系殺虫剤．第2次大戦直後，日本でもシラミ退治などに使用されたが，1971年に販売が，81年に使用も禁止された．現在は環境保護のため使用禁止．

（17）第3章訳注5「悪疫」参照．

（18）ヴィクトリア女王が夫の喪に長年服したことは，英国で家庭女性・主婦の範とされる1要素だが，王族・富豪の実像（遊蕩，愚行など）や社会の実相（児童虐待，売春婦増加など）から女王を偽善社会の象徴とする見解もある［例えば，森①］．

（19）1841-；エドワード7世1901-1910（本訳では，原文に関係なく皇太子時代はアルバート）．結婚前にロンドン大邸宅の1つ，マールバラ館(ハウス)（旧王宮の聖ジェイムズ宮殿の西側；レン建造1709-11のマールバラ公爵夫人邸だったが，後に英国王室別邸，1900年代から英連邦センター）での享楽生活は有名．

この王は，ヴィクトリア時代人の謹厳，美徳とは逆の「わがままと贅沢，高価な食べ物，駿馬，美人，葉巻，フランス［「イングランド」の誤り］のサンドリンガム……での狩猟」への熱中で記憶される［ヒバート②］．なお，弟コノート公アーサ（旅順港の英名 Port Arthur はその名から）は明治天皇葬儀に来日．

(20) ロンドン南部（ウィンブルドンの東側）．

(21)「安酒場」の意（とくに19世紀）．

補注2．★貧乏人の鎮静剤　18-19世紀にはジンとビールが貧乏人の飲み物で，とくに前者は「最も安価な鎮静剤であり，……苦しい境遇や空腹から逃避するための，ただ一つの手段」［ヒバート①］として乱飲された．販売も，非課税のうえ，許可は不要，そしてロンドンの飲料水は不潔だった（著者は，第10章で，汚臭もあげる）．有名な風刺画家 W. ホガース 1697-1764, G. クルクシャンク 1692-1787 も画題とし，前者の「ジン横丁レイン」（架空の地名），後者（ディケンズ作品挿絵でも有名）の「俗語で《スルーサリー》と呼ばれる《ジン酒場》」は文献でよく見かける．そのほか，19世紀にはアヘン・チンキチンクチャやアヘン入り売薬が常備薬として「歓迎され」（幼児用としても），毒物に指定されたのは1908年［谷田］．このようなアヘン常用が，アヘン戦争1840-43［注］を起した英国人の対アヘン観の基礎にあったのだろう．なお，紅茶の大衆化は19世紀末からである（第9章訳注2）．［注］18世紀末からのイギリス・インド・

中国間三角貿易（「イギリスから植民地のインドに木綿製品を，インドから中国にベンガル産のアヘンを，中国からイギリスに茶を」）において，中国への「アヘン貿易には，……銀を対価としない茶貿易を確立」し，さらに中国を「自国の木綿製品など工業製品の販路」にするという，英国人の「強烈な意図」が基因であった［北岡ほか］．

（22）保守的医学界改革を目的として1824年に創刊された，世界的な英国医学（週刊）誌．刃針は外科用両刃小刀．

第7章　4枚の「王室御用達」認可状

（1）ノーフォーク州（イングランド東部）の同名村にある王室宮殿（次章参照）．

（2）この拝命は，次章によれば，では1886年初め頃．「王室御用達の肩書きはクラッパー社の営業に大いに役立ち，その製品は最高級品とされた．工事視察中に皇太子から葉巻の火を求められたが，煙草をやらなかったクラッパーが役立てなかったことがあってから，いつもクラッパーは金製マッチ箱をポケットに入れていた」［クラッパー社ホームページ］．

（3）キングズ・ロード社屋（図2参照）1907では，紋章類と文字は入口の上（1‒2階の間）．

（4）第16章訳注1参照．

（5）いちはつ花形は著者の思い違いか？　皇太子認可状にあ

るバッジ(紋章ではなく，所持品，使用人制服などにつける印)は駝鳥の羽根3本(図2上部右)なのに，フランス王の象徴であるフラ・ダ・リ(「三叉の白百合」紋とする説もあるが，正体も由来も不明)に誤っている．この標語つき印(百年戦争中の1340年にカレー近くで黒大使が破った仏軍にいて戦死した盲目のボヘミア王の3本の羽根飾りとその標語『イヒ・ディーン(わたしは奉仕する)』に由来，といわれる)はエドワード皇太子(黒太子1330-1376)に初めて使用され，ヘンリー7世の長子アーサ以来，英国皇太子のバッジで，紋章の部分でもある[森②③④]．

(6) 例えば，トゥワイニング紅茶バッグの表面下部にはエリザベス1世の像，上部には現国王のエリザベス2世(1926- ；イングランド王1952-)の紋章とその「御用達トゥワイニング[個人名]……」．エリザベス1世(1533- ；王1558-1603)もトゥワイニングを用達にしていたのだろう．なお，クラッパー社ホームページには，「会社は……御用達認可状を受けた」とあるのみ．

(7) ロンドン北部の地区だったキャムデン地区部分で，摂政園(リージェンツ・パーク)(本章訳注11)の北方．18世紀の保養・遊楽地は1830年代から都会化し，現在は高級住宅地(漱石の北岸第2の下宿地；後の3下宿は格下の南岸)．キーツ，コンスタブルら文人，画家，学者が居住．以下，リリー邸の所在に数表現が

使用.

（8）英領ジャージー島（英仏海峡）生れ1853-1929（旧名 Emily Charlotte Le Breton）．皇太子との交際などは森①に詳しい．

（9）シェークスピア 1564〜1616の「お気に召すままに」に出る男装麗人Rosalind. 19世紀英国作家バイロン1788-1824の詩「ベッポー」1817巻頭の献辞はロザリンドの台詞から．著者にやや皮肉られているリリーは女性が重要な役である劇での名演で「社交界」を魅了した［Kirby］．この詩劇作家の生地ストラトフォード・オン・エイヴォンに現在のクラッパー社はある．

（10）摂政園(リージェンツ・パーク)の西北方，ハムステッドの南方の地区．昔は森林地帯で，所有権がテンプル（エルサレムの神殿）騎士団から聖ジョン(ヨハネ)騎士団に移った1312ことからの名称．

（11）ロンドン北西部の公園（動物園もある）．王室遊園のマリルボーン園(パーク)が，その改造に熱心だった「快楽の皇太子」の摂政殿下Prince Regent（1762-，摂政1811-，ジョージ4世1820-30）に因んだ肩書に代り，聖ジェイコブズ園(ヤコブ・パーク)北東角の皇太子宮殿のカールトン宮殿(パレス)との間にできた大通りも摂政通(リージェント・ストリート)りと呼ばれだした［松村，松村ほか］．

（12）南ハムステッド駅のそばに現存．デンマーク王クリスチャン9世の末娘1844-1925が1863年に皇太子アルバートの妃となり，人気があったので，その名の通りが大ロンドンだけで67もできた．

（13）画家，彫刻家 F. Leighton 男爵 1830-96（王立美術院院長）の異国趣味調邸宅（現レイトン記念館［蛭川ほか］）は Hollad Park Road にあるが，解体されたというリリー邸，またはその造営者との関係は不明．

第8章　花のサンドリンガム時代
（1）直訳は王婿殿下，つまり女王の夫．
（2）コーンウォル公位(デューク)はイングランド最初の公爵位で，エドワード3世長男の黒太子エドワード（第7章訳注5参照）が7歳で受けたものだが，後のイングランド王長男は出生と同時を受ける［森②］．
（3）マナー，ホール，カースルなどともよばれる「カントリー・ハウス」は狩猟もできる大敷地にある英国貴族生活根拠地で，ロンドンの邸とは比較にならない．なお，サンドリンガム宮殿は，イングランドのノーフォーク州北西部の村にある．
（4）エリザベス1世時代1558-1603の俗家建築様式は中世ゴチック建築様式にイタリア，オランダのルネサンス建築の細部様式を重ねたもの．
（5）エドワード7世時代様式には自己満足や裕福さが反映（ライト書にはこの様式に「エドワーディアン・ルネサンス」との評）．
（6）ヨーク家（紋に白ばら）は1461-85年のイングランド王

家（ばら戦争1455-85で赤ばらのランカスター家と争う）．なお，「〈コテッジ〉は田園を愛好するイギリス人が理想とする庭つき1戸建ての田舎家風の郊外住宅のことで，豪壮な石造の別荘のこともあり，必ずしも貧困・粗末の意味を含まない」［ラスムッセン］．

(7) ヴィクトリア駅（チェルシーの北東方）とウェストミンスター西端の間（19世紀半ばスラムを撤去して建設）．

(8) G. Jennings 1810. 11. 10-1882. 4. 17 [Kirby]．陶製便器など衛生設備の開発者（第3章訳注11，第10章訳注7）．公衆便所（パブリック・ラヴァトリ）を1851年ロンドン万国博覧会に設置させる（英国最初）など，その普及にも努力［ライト］．

(9) 西インド諸島から輸入され，家具用には亜麻油で磨かれ，コルクで煉瓦粉が擦りこまれ，ニスで仕上げられる［シュウォーツ］．

(10) 図4下参照．

(11) ダービ・チャイナ，〜・ポースリンとも言われるほど，イングランド中部のダービシア州都Derbyは有名な陶器産地．

(12)「T. クラッパー社は，1880年にサンドリンガム城に，自動ペダル式フラッシュ小便器を据え付けた」［キラ］．「数週前，私は同地浴室設備の修繕を依頼されたが，衛生器具はレイバーンの描写の通りで，浴室30のうち，なお現役の7つには，女王と皇太子の使用するものが含まれている」［Kirby］．

第9章 「産業スパイ」トワィフォードとともに

(1) イングランド中部のスタッフォードシア州北部（17世紀半ばにイングランド陶業が発祥）で，トレント川沿いの製陶業中心地［ライト］.

補注1. ★装飾も兼ねて　1860年代までの代表的水洗便器だったブラーマ式（第3章訳注4）も金属製だったが，製陶会社は19世紀初・中期での台所流し大量生産，洗面台発売の後，世紀後半には水洗便器も製作しだした（トラップ改良で洗浄力は向上）．それがトワィフォードやジェニングズ（第8章訳注8）の「台座形(ペデスタル)」（一体化）陶製便器で，装飾も可能になった．前者のある製品は1881 - 89年に十万台以上売れ（木箱入りの1875年特許「ナショナル」），「浴室は贅沢品扱いされ……装飾が施され……まさに部屋」そのもので，鏡も絵画，椅子，戸棚もあった［ヒューズ］．産業革命を経ていた英国は，19世紀後半に「陶磁器の工業化，大量生産」が「衛生革命」を起こし，芸術的表現も追求できた［海野ほか「トイレのベル・エポック」］．他方，すでに考案されていた，重力利用給水用の頭上水槽がクラッパーにより改良された．

(2) 紅茶は英国の代表的飲み物になっている（世界紅茶の約半分を消費［角山①]）が，大衆化したのは19世紀後半に砂糖とともに価格が下がってから．

補注2. ★1キロ20万円も　茶と砂糖は,植民地から大量に入りだす19世紀後期まで英国では高価な輸入品だった.茶は1657年にロンドンのコーヒー・ハウス(数年前に現れた商人・貴族社交場で,最盛期にはロンドンに500軒)で「薬」として売りだされ,「18世紀のはじめには,……キロあたり20ポンド(……今日でいえば1300ポンド—約20万円)もした」茶は1760年輸入額の首位品目だった[角山,角山ほか,ファーマン].1870年代初めまで,輸入茶の85%が中国茶だった(緑茶をそのままで飲み,やがて英国では砂糖を入れだす)が,以後は植民地のインド,セイロンの紅茶がふえ,89年には中国茶をしのぎ,砂糖とともに安くなり,コーヒーより普及して,コレラ対策の生水代わりとしても,ビールと並ぶ下層階級人気飲料になった[角山,見市].荷下ろしされるロンドン港でのほか,家庭でもブレンドされたから,保管用茶箱には頑丈な錠といくつもの引出しのほか,ブレンド用磁器カップがついていた[ヒューズ].使用済みの葉は絨毯掃除にも使われたほか,召使により売られて,着色され新茶と混ぜられて商品化したほか,ブラックソーンの葉に着色した偽物も出まわっていた[プール].英国での紅茶普及は欧州大陸より水が軟らかいせいもあった(日本の水はさらに軟らかいから,欧州からの紅茶を指示書の時間で淹れれば出すぎるだろう).英国では砂糖のほか牛乳も加えるのが普通だから,「レモンと飲む,ロシア人の野

蛮な風習」などとA. クリスティーは作品中に書いているが，野菜不足を補う，北国の民の知恵をけなすことはあるまい．

(3) 1850年頃の同地工場の写真を載せるトワィフォード社カタログ［1960？；平田純一蔵］によれば，17世紀創業，後に衛生器具専門になり，1887年本社をストーク・オン・トレント市クリフ谷間（ヴェイル）においた．

(4) このような飲酒が習慣かどうか分からないが，クラッパー社のホームページは，重役になったクラッパーのある習慣を紹介している．「成功したクラッパーは立派な家屋も家財も買った．兄のジョージ（開業時から協力；イーディスの祖父）とともにケンジントンのフィンバラ・アームズで杯を傾けた．いつも2人は，毎日の仕事をシャンパン1本を空けてから始めた，当時の経営者たちに倣って！」．なお，後継者のひとりジョージの子も同名ジョージ．（第13章，第16章，付録参照）

(5) おまるなどが容れられた移動式便器で，箱はビロードなどで覆われていた．水洗トイレも箱，椅子を被せられることがあった．ライト書には，17世紀フランス宮廷での華麗な「穴あき椅子」も紹介されている．

(6) 英国の作家，思想家J. Harington 1561-1612. 近代的水洗便所発明者とされており，クラッパー社のホームページで自著『エイジャックスの変身—下水奇想 Metamorphosis of Ajax: a Cloacinean Satire』1596で発表した考案（図10）による水洗トイ

レをバス（エイヴォン州の有名な温泉保養地）近くのケルストンの自宅とエリザベス女王のリッチモンド宮殿に設置した[Halliday, ライト；後者には本書より詳しい図解と説明]．題名中のAjaxはギリシア神話のアイエース[ライト，ブリタニカによればjakes「屋外便所；便器；便」との語路合せ，つまり変身]，Cloacineanは第15章訳注6を参照．なお，図中の英語綴りは現代とは違っているものがあり（例：privyがpruie, wasteがwast, fairがfayer；J項は欠），友人の北村と頭をひねった訳語もある．

（7）排泄物を受けて流す，複雑な金属製仕切り装置（バルブ）のついたロート状水洗便器（1870年の「オプティマス」に類似する図4などの改良形を含め）が19世紀後半にも使われていた．70年代になると，陶器技術の進歩，洗浄力の向上（とくにトラップと水槽）で金具類は不用となり，現代では普通の，すっきりした陶製便器の2方式が登場する．まず，排出物を浅い水溜めに落としてから前の穴まで洗い出す方式（ウォッシュ・アウト；84年健康博覧会で金賞をえたジェニングズ「ペデスタル[台座形]・ヴェィズ」——英国ではpedestalだけで「便器」の意——，85年のトワイフォード「ユニタス」や図12の多く），そして，89年頃からは[ライト]，下の穴に落下させて洗い落とす方式（ウォッシュ・ダウン；図11や本章で試験された便器）であり，以後競うように発達するが，後者の必要水量は前

者より小で，製造にも有利とされる［ライト］が，多くの専門化は技術的には水洗音と臭気の解消に注意を注いでいるようである［平田①など］．

（8）「衛生器具……とその周りの清掃……がしやすいかどうか……は，衛生のレベルに大きくかかわってくる」［キラ］．

（9）「台座形」便器登場前の水洗便器は，仕切り弁（訳注3）などの機械装置をもち，トラップ（第5章訳注1）も未発達だった．

（10）コリント式柱頭装飾によくみられる，その葉をさすのだろう．

（11）「便器の王様」と呼ばれた「海豚」や「ライオン」など，オーストリア（王宮を含む）で使用された19世紀から20世紀初めにかけての英国やオーストリアの華麗な陶製便器類多数のカラー写真が海野ほか『ヨーロッパ・トイレ博物誌』（日本での1988「ヨーロッパの古典トイレ展」カタログを兼ねた）で見られる．

（12）英国での特許庁設立は1852年だが，「現代特許制度の源流」とされる1624年専売条例がすでにあって，制度化は18世紀末から進んでいた［平凡社『世界大百科事典』］．水洗便器の特許第1号は時計師A. カミングズ（ロンドン）の1775年登録滑り弁つきのもの［大熊監修：藤島亥治郎論文］．

（13）英国の陶工J. Astbury1688-1743．

第10章　現場の発明家

(1) 19世紀後半は水洗トイレ，浴槽の普及に伴い，家庭でも都市でも水道，とくに下水道の整備がさかんだった（第2章訳注19，第6章訳注10を参照）．

(2) 18世紀には年1～2回で［シュウォーツ］，19世紀末でも，よほど裕福でなければ浴室をもつ家は少なく，「一般の人々は……週1回，土曜の夜に……湯を地下から運んで……バスタブにはり，家族が順に入浴」し，ロンドンでは19世紀半ばから自治区，慈善家による安価な個室式公衆浴場が普及した［谷田，清水：1900-1902年留学の漱石も利用］．

(3) 有名な英国消臭剤の名称．丁子の蕾を乾燥したもの（丁香）は古来有名な香料，生薬．料理屋，茶屋が便所の「臭気止めにを焚いている」が，「好い薫りのする香料」の昔の「なまめかしい連想」を失わせるのでやめるよう，谷崎潤一郎が「忠告」したのは昭和初期［「厠のいろいろ」1935；主に日本文筆家の糞尿譚集である安岡編にも収録］．

(4) 風刺で有名な英国画家・版画家Hogarth 1697-1764（第6章補注2）には，図13のテーマによる「夜」1738がある．

(5) 本章訳注13参照．

(6)「当時の衛生技術者は，……まず鋭敏にとぎすまされた鼻をもっていなければならなかった．……悪臭源調査」にはペ

パーミントの匂いや刺激性のある臭気が使われた［ライト］．

(7) 図15で曲がりCの上方にある管上部の円錐形の栓．

(8) 英国の作曲家E. Coates1886-1957．優美で軽快な管弦楽曲多数を作った．ナイツブリッジは第13章訳注9参照．

(9) ジェニングズ（第8章訳注8）の努力で1851年万国博覧会場に初設置（82万7000人が有料で使用［Halliday］）．ロンドンでの男性用公衆便所第1号設置は1852年（フリート通り），女性用第1号は1884年［谷田］．この点ではパリの方が早く，最初の屋外設置は1830年イタリア大通り，屋内ならばオルレアン公が1798年王宮(パレ・ロワイヤル)の12カ所（有料）に設置［ゲラン］．

(10) J. Routhのニューヨーク，パリ，ロンドンについての3書——"The Better John Guide"（with S. Stewart；N. Y., 1966），"The Good Porecelaine"（London, 1966），"The Good Loo Guide"（London, 1968 rev）——は「綿密に調査された，素晴らしい」公衆便所案内シリーズ［キラ：ロンドン，パリの書店での，これら書籍の扱いについての話も面白い］．

(11) 高さ449 mは1972年まで世界最高．

(12) 18-19世紀に教区などが維持した貧民収容施設．1601年の最初の救貧法では，教区単位の救貧税による貧者，弱者の救済，就労促進などがなされてきたが，18世紀初め「救貧院」(ワーク・ハウス)（院内救済）方式に代えられると，就労可能者以外に，救済されなくなった貧民も入ってきたため，1782年に全困窮者を教

訳 注 177

区連合施設に収容し，労働可能者以外の院外救済を認めると，失業者増大，物価高騰などで教区民の税負担は増大し，労働者モラルは低下した．そこで，N. シニア教授，E. チャドウィック（後に衛生改革に活躍）らの勧告で，院外救済をやめて，救貧院には困窮者と弱者のみを受け入れる1834年法改正では，厳しい分類により「親子，夫婦が引き裂かれて暮らす，非人間的な収容」がなされ，多くの識者にも非難された．[松村ほか；西条隆雄論文]．J. ロンドン（米国）の1902年ロンドン貧民街ルポ『どん底の人びと』1903にも生なましく描かれている．

（13）ロンドンの中流典型住宅で，浴室（兼トイレ）は2階．「ヴィクトリア時代［の中期］には，便所（ラヴァトリ）が……不可欠となり，……下層階級の人々のために建てられた」典型的な家屋でも，「1階にはふたつの居間と台所とを……，2階には3つの寝室と浴室とを収めている．これらの諸室は平均的なロンドンの家屋の必要条件」である［ラスムッセン；第3章訳注10］．ただし，19世紀に「居間が必ず2階にあった……」のはロンドン上流階級住宅［プール；第13章訳注3参照］．

第11章　時代に先がけて
（1）英国の航空技師 Sir Barnes Wallis (Nev-ille) 1887-1979.
（2）エドワード7世時代風（第8章訳注5）の華美な服装を

愛用した,反抗的な英国若者(1950年代-1960年代前半).ロビンソン『山高帽の男』は,廃れはじめた山高帽を被った,「レトロなスタイル」の「都会の非行少年」と規定し,その暴力性をA. バージェス『時計じかけのオレンジ』(小説62,映画71)に見ている.

(3) オーストラリア館と同様に英連邦構成国の大使館的機関.今は繁華・劇場街の干し草市通り(ヘイマーケット)も,かつて1644-1830はその名の通りだった.

(4) 洗浄弁式(フラッシュ・バルブ)水洗便器.

(5) 回転式拳銃の弾倉に弾1つをこめて回し,数人が順次自分の頭にむけ引き金をひく賭け.運まかせの勝負事の意.

(6) エーゲ海のギリシア側の島や半島にある正教修道院(有名なのはアクティ(アトス)半島の修道院群).「厠で一番忘れられない印象を受け,今もおりおり想い起すのは」大和のある屋の「崖の上へ張り出し」た便所で,「跨(また)ぎながら下を覗くと,眼もくるめくような遥かな下方に」吉野川の川原(かわや),畑,飛ぶ蝶,通行人が鮮やかに見えた,と書きだされているのは谷崎潤一郎「厠のいろいろ」(第10章訳注3).仏語同学柳川浩一郎の示唆によるが,経済学者の大内力も『アジア厠考』序文で,まず谷崎のこの文を想起したと述べており,この作家は昭和初年にすでに「飛行機のトイレ」を想像している.

(7) J. Pudney "The Smallest Room" London, 1954であろう(キ

ラ原注）．

（8）米国陸軍4発重爆撃機B24．第2次大戦中，欧州と地中海で広く使用．このトイレについてはキラも言及．

（9）Larousse『大百科』（フランス語）による（原文は898フィート）．キラ書にある邦訳の，「塔の高い階の公衆便所で，窓が凍っているため景色を見ることができなかった」には誤訳がある（原文 "this loo …… has frosted glass."）．

（10）「聖ジョンの森」地区（第7章訳注10）にある，世界で最も有名なクリケット競技場（MCCに所属；Th. Lord1757-1832が初代管理者）．この競技は18世紀末からロンドンで人気がでた．Lord'sの通常訳は「ローズの（店，所etc）」．

（11）マリルボーン・クリケット・クラブ．18世紀創立の英国の代表的名門クラブで，ルール改正，国際試合手配，参加選手選考などを行う．

第12章　座りごこちも快適に

（1）スコットランド南東部の町．

（2）タラなどの魚のフライと棒状のフライド・ポテトに酢をかけた英国大衆食．「労働者の食べ物として定着」したのは「1864-74のころ……」［角山ほか］．

（3）英国の批評家，詩人，最初の学問的英語辞書の編纂者S. Johnson1709-84．公衆便所のなかった「18世紀のスコットラン

ドで……バケツと大きな外套を持って通りを往き来し,適当な料金でお客のためにバケツを下に置いて,外套で……隠す」商売があった,と博士はのべ,東欧,アジアの多くの小さな町では「1920年代までもそのような仕事があったといわれる」[キラ].

(4)「チャーチルのような頑固な人は,パブリックスクール時代の習慣から,便座を外していたと言われている.」[キラ].20世紀初頭に自国の下水道不備について,「七つの海を支配することはできても [スラム街に] 下水道をつけられないような帝国には大した栄光はないと思う.」と嘆いた [河合秀和『チャーチル』中央公論社1993] というから,この英国首相は世情にも通じていたのだろう.

第13章 ある画家の回想

(1) 原書が書かれたのは1969年(本書初版刊行)以前.イーディスの父(トーマスの兄ジョージの息子)ジョージは後に会社後継者の1人となる.

(2) チェルシーのほぼ対岸にある,ロンドン中南部の自治区.

(3)「一般にシッティング・ルーム [引用書訳は「居間」] というのは,今日我々のいうリヴィング・ルームのようなもので,家族が座って気楽なおしゃべりをしたり読書をしたりするような部屋だったらしい.……アパートや部屋を借りている人々…

…も，通例寝室と居間は持っていた．小さい住居の場合，後者は訪問客を迎える場所としても使われた．『パーラー』というのはもっと儀式張った部屋で，貧しい家にとっての客間［引用書原語はdrawing room］のようなものだったらしい．……そこにあるすべてのものは，大きな行事がある日以外は覆いや布がかぶせられていたということである」［プール；第10章訳注13］．

(4) 英国の動物画家Sir E. H. Landseer1802-73（ランシーアとも表記）．

(5) 原句lace curtainの語間にハイフォンがあれば，「中流指向の，成金趣味の」（形容詞）と和英辞書にある．

(6) 原語miniatureの語源はラテン語からのイタリア語miniatura．ラテン語からの英語動詞miniate（写本で朱書する）もあるように，いずれもラテン語minium（辰砂）が元祖だが，後にラテン語minimumなどのmini-（小さい）が元と誤解された．つまり，miniaurは，本書直後の原句illuminated lettering（彩色された文字）でのilluminate（彩色する，飾彩する）と同義である．

(7) 「伝統的」とあるが，英国で「クリスマス・ツリーを飾り，クリスマス・カードやプレゼントを交換する習慣は，ヴィクトリア朝になって始めて登場した」［谷田］．

補注1. ★クリスマスのカードとツリーは大陸より遅く　カ

ード交換は,欧州大陸では18世紀末から流行していたが,英国では1860年代に安い印刷法が開発され,70年にできた郵便葉書用半ペニー切手でカード入り封筒を開封でなら送れるようになって盛んになった.ツリー飾りは,ヴィクトリア女王の夫アルバート公(ドイツ生れ)が1840年に王室で始めると,まず上流階級が真似,1860-70年代に国中にひろまった[谷田].

(8) 第2次大戦中,英国食糧大臣として,残り物と野菜でつくる「ウルトン・パイ」を奨励したWoolton伯爵 1953- (F. J. Marquis) 1883-1964.

(9) 英国第一のデパートで,前のブロムトン通りを北東に少しゆけばナイツ橋(ハイドパークの南側を走る通り;名称中のknight(s)は「騎士」の意ではない).店名はHarrod's(「ハロッズ」が定訳)と略され,その名の紅茶などもある(第11章訳注9参照).

(10) 便器の商品名.図11,図12などを参照.

(11) クラッパー社取締役(第8章,第9章,第16章).

(12) ウェストミンスター大修道院(第5章訳注2)の南[右]袖廊の1区画は,G. チョーサー1340(推定)-1400を最初として,シェークスピア,ディケンズら文人の墓碑,記念碑,敷石銘板だらけという.

第14章　トイレの異名さまざま

(1) 英国での一般的呼称は最近ではlooだが，それ以前はlavatory（本章訳注14）．

(2)「セドリク」以外は古典ギリシア語かラテン語．"Oputimus"（ラテン語形容詞）1870はヘリヤーS. S. Hellyerがブラーマ式「ヴァルヴ・クロゼット」を改良したもので，椅子などを被せても使用［ライト；図4上に類似］．

(3) バーリントン拱廊(きょうろう)は高級商店街で，ピッカディリ通りからバーリントン館(ハウス)（元バーリントン伯爵邸；王立美術院，各種学界本部などの所在）に沿う．なお，ロンドンの通りには，Piccadillyのように，「通り」相当語が付かないものもある．

(4) delugeは，英語でもフランス語でも「ノアの大洪水」を連想させる（図11のトワイフォード社製洗い落とし式の名称）．後にあげられているNiagaraは19世紀後半米国のA. G. Myersが開発した水洗便器名［大熊］で，この川（と滝）の名の普通名詞義は「奔流」．

(5) alertoはスペイン語「警戒中の」．前後の2語rapido, subitoも同語．

(6) Aeneasは，ギリシア神話（多くの神が流水と海に結びつけられている：I. ボンヌフォワ）で，海の泡からうまれた女神アフロディテ（ローマ神話でヴェヌス）とトロイアの英雄アンキセスとの子であるトロイア王子．ローマを建てる．

(7) Nereusは海洋ポントスと大地ガイアとの子で,「海の老人」とよばれた海神. 50人の娘(ネレイス)をもった.

(8) 当時の慈善目的の「スミス慈善基金」受託者中にオンズロゥ伯爵がいる. 地名ウォールトンも同受託者ウォールトン・オンズロゥの名から.

(9) この通り(ロード)はキングズ・ロードから北に入る.

(10) 縁戚同志のカダガン, スロゥンの両伯爵家はチェルシー地区に広大な土地を所有していた. H. スロゥン 1660-1753 (医学者, 博物学者, 学士院会長) 所蔵の博物標本, 写本などが大英博物館の元.

(11) フランスの作家1844-1924 (1921年ノーベル文学賞). この邦訳題は『フランス怪談集』河出書房新社1989収録の日影丈吉訳で, 本原書での英訳題は"Juggler of Our Lady". 破産したヴェニスの大商人が聖母子像を担保にユダヤ人から借金し, やがて財をなしたが, そこは遠いクロアチア, 返済期限は翌日なので, 無人の小舟に載せた返済金に聖母子像をつけ, 祈りながら送りだすと, 一夜で貸主宅についた, という奇談.

(12) 原語のeuphemism自体, 英国ではトイレの婉曲表現.

(13) 1851年ロンドン万国博覧会の公衆便所 (第10章訳注9) の料金が1ペニーだったことからできた婉曲表現 "spend a penny".

(14) いくつかの英和辞書によれば,「便所」の婉曲表現とし

て，英国で最も一般的な語（初出1382年以前）だが，近年ではloo（初出1940年）．ある英国衛生器具メーカー経営者の最近の観察と見解は次の通り：「"Lavatory"はなお使用されているが，"loo"はそれ以上である．ここ約30年で前者の使用は減少した．実際には，おそらく最も広く使用される語は"toilet"だろうが，多くの人（私たちを含め）は，それを嫌なhorrible用語と思い，その使用を拒否している！」[Kirby].

補注1．★「トイレット」が好かれるわけ　婉曲表現をこのむ「我々が水洗便所にトイレットという言葉をとり入れた[OEDでの「便所」義の初出年は1819年]のは，当時としては極めて納得のいくことであった．というのは，それは，麻織(toile) あるいは亜麻（linen）に由来するところの衣服を意味するフランス語のトワレッテからとり入れたからである)……アメリカにおいては，洗面所をlavatoryと呼ぶが，lavatoryは手や顔を洗う場所を意味し，フランス語の『洗う』という意味のlaver［ラテン語から］に由来しているので完全に適切な言葉である．しかしながら，イギリスにおいては，lavatoryは幾分禁句である．それは明らかにバスルームを意味するが，周知のように，バスルームという言葉［米国では，一般に「便所」を意味し，「浴室」だけならbath］は，上品な使い方としてはあまりにもあからさますぎるのである」［キラ］．ところが，それからわずか20年後には，「最近のアメリカ人は，トイレットという

言葉すら嫌い，TOILETの表示はほとんどREST ROOMに換わっている」[平田②].

（15）これら，「死ぬ」と「酔う」のそれぞれの婉曲表現にはニュアンスの違いはあるらしい．

（16）これらのうち，著者があとで「英国でとても好まれる」というlooが英国口語（辞書で1940年初出だから，わりと新しい）であるほか，biffyは北米・カナダでの俗用義，chamber of commerceの通常義は「商業会議所」，holy of holiesの直訳は「至聖所」，cloakroomの通常義は「携帯品預かり所」，shot-towerの義は「散弾鋳造塔」，smallest roomの直訳は「最小の部屋」（本章後半で考察される世界的重要婉曲語）．

補注2. ★日本での別称　一般的な「便所」，「トイレ」のほかに，例えば「厠（川屋），雪隠，手水場，後架，東司，はばかり，ご不浄，遠方」と，「非常に多いのですが，『ご不浄』という言葉に代表されるように，表に出せないもの，陰の存在といったイメージが強い」ようだが，「最近では……トイレは住宅の大切な空間である，という考え方がひろがってきています．」……一般的にトイレが普及するのは，江戸時代あたりからである［平田①］．なお，日本語で「川屋」を「厠」の語源とする説がある（第6章でみたように，英国の川にも便所としての用途があった）ように，現代でも海や河川で処理するアジア諸国のあることを日本の専門家は指摘している．

(17) これら6句の直訳または通常義は,それぞれ「許される」,「雛菊をつむ」,「家の間取りをみる」(主に英国非上流の用法),「手を洗う」,「自転車の積荷をおろす,自転車を立ちなおらせる」,(欠席・中座の際の言いわけ,行先についての問のはぐらかしとして)「ちょっと用事がある,ちょっとそこまで」.

(18) C. R. Freud 1924- (騎士1987).英国の政治家,作家,放送家,配膳業者.

(19) フランス語の名詞 carte「カード」と形容詞 blanche「白い」(女性形)をそれぞれ英語の動詞 cart と固有名詞にしたのだろう.なお,carte blanche「白紙委任状」は英語でも使用.

(20) 前半の tant「あれほど」を aunt「おば」にしているが,pis「より悪く」(miex はその反義語)は piss「小便する」にとっているのだろうか,婉曲表現「電話をかける」があるのだろうか? この本 "Fractured France" は未見.

(21)「"Plumbing Equipment News" は英国で出ていたが,廃刊時は不明.同様の業界誌がいくつか刊行されている.」[Kirby]

(22) 英語 water closet の初出は1755年,フランス語 le watercloset, water-closet の初出は1816年,その略 waters は1913年 [仏和 Robert].なお,ルイ16世1754-93と妃アントワネットがヴェルサイユで使いだした水洗トイレは「英国式(の)」とよばれだした [ゲラン;ルビは引用者].

補注3. ★ヴェルサイユ宮殿のトイレ 「ヴェルサイユ宮殿

にトイレはなかった」とよく述べられている．たしかに固定式便器はなかったが，移動式便器ならばあった．「あった」とするだけの本が多いので，数などについての引用をしておく．ルイ14世（17世紀後半同宮殿を建造）時代には，「高級家具」の穴あき椅子（下に受け皿）が274脚あり，寝室に付属する「衣装部屋」[第6章訳注15]に納められていた．13世にならって14世も「この玉座に腰掛け」て，親しい者らと食事をし，将軍らに指示を与え，かつ謁見も行った（もちろん，時には後始末をさせながら）[ゲラン：第15章訳注12]．宮廷関係者が1万人（うち貴族と執務者が約千人）もいたのだから，王族・上層貴族ら以外の者には，ないに等しかっただろう．なお，中国の古代支配者も同様で[李家]，戦前のペキンの料理と汲み取りは山東出身者に牛耳られ，後者には東単，西単の縄張り（料理屋街があった方の権利金が大）があった[秘話は中国内幕に詳しかった学友嶋名正雄父君の談]．

(23) フランスでは，交通管理もやっている．なお，公衆便所のないアジア諸国では，著者はもっとひどいカルチャーショックを受けたであろう．

(24) 犬の種類（後者は鼻先を獲物にむけるよう訓練された猟犬）．前者の語源pointには動詞義「指差す」，名詞義「突端」，後者の語源setには動詞義「（食卓を）整える」，「結実する」，「卵をだく」などがある．

(25) 英国の隔月刊誌1961-.

(26) イングランド南西部のグロスタシア州都．セヴァーン川に臨む港市（古代ローマ要塞）で，上記の温泉町はその北方．

(27) 英連邦構成国．オランダの探検家A. J. タスマンが発見1642，故国Zeeland州との類似からNew Zealandと命名（当時台南に築いたゼランディア城も同じ趣旨）．マオリ族先住の地には19世紀に英国人が入植し，オーストラリアからはあざらし，鯨を獲りにきた．

(28) アフリカ南部にあり，1961年まで英連邦構成国．

(29) Wrigley社は世界最大のチューインガム・メーカー．

(30) 堤；溝；［俗］小便所．

(31) outhouseだけでも［英］離れ家，［米］屋外便所．

(32) Chic Sale. 屋外便所の構造についてユーモラスな論文を書いた米国俳優Charles Partlow 1885-1936の筆名．

(33) OEDの初出文も，著者引用の1735年ハーバード大学規則．

(34) 当然，「休憩室」の義もある．

(35) ランダムハウス英和辞書には，米国の婉曲表現として「公衆便所（またcomfort room）」．なお，comfort stopは「遠距離バスのトイレ用停車」．

(36) デリー近辺で話される西部ヒンディー方言に基づく北部インド標準語（インド最大の語族）．

(37) 状況によって様ざまな意味．例：きみは「やったね」「やられたな」「それだよ，わかったね」など［在米学友トーマス・ソング談］．

(38) ランダムハウス英和にも，crapperは「[1] 米俗（屋外の）トイレ，便所」とあり，〜 dick「［米俗］公衆トイレをパトロールする警官［刑事］」もある．キラも，米語crapperとその派生語crap「大便」を紹介．

(39) 以下，米国でcrapが古英語と違う意味をもつに至る経緯が述べられるが，ウェブスター英英（米国）は，crapperを"crapper=toilet - ussally considered vulgar"，初出1932年頃とし，ランダムハウス英和（新）は，同語に米国俗義「（屋外の）トイレ，便所，バスルーム，うそつき；自慢屋．嫌な［気に入らない］もの」をあげた後，"c1932. CRAP 1 -+-ER"，つまりcrapからの派生とし，crapには，名詞義「大便，くそ；たわ言，世まい言，ナンセンス；嘘；がらくた；［米］ヘロイン」（多くは卑・俗義），動詞義「脱糞する」をあげ，「1425年以前」に「中世英語crap切りわら」7（オランダ語）から，としている．

補注4．★Crap語源「前史」　クラッパー社ホームページには，米国の俗語crapper，その派生語crapの発生「前史」がのっていた．「姓『クラッパー』の語源　"crap"はrabbish［くず，廃物，ごみ，がらくた］かchaff［もみ殻；無価値のもの；くず，かす，がらくた］を意味する古語で，16世紀末には英国では

廃語となった．だから，ヴィクトリア時代にCrapperという姓はもうおかしくはなかった．しかし，その語（crap）は北米への初期英国移民に運ばれ，合衆国ではずっと使われていた．1917年，ロンドンに駐屯した米国軍人は，Crapperという姓を水槽と水洗便器にみて大喜びし（英国人には，その喜びが分からなかったが），水洗トイレその物を"the Crapper"と呼び始めたのである．この語が米国で流行することになったのは，古い俗語"crap"を知っていた人たちには意味があったからだろう．英国とヨーロッパへのアメリカ文化の影響のおかげで，いま"crap"は［英国でも］広く使われているから，姓Crapperのもつ面白味をだれもが感じている．」

（40）各語句の意味は，前から，「収穫する」「絞首刑」「無秩序な印刷機活字」「楽にする」．なお，ここと次の用例原文は略．

（41）米国の作家J. O'Hara1905-70；この作品1940は，踊り子の手紙によるナイトクラブの描写．

（42）米国の作家A. Miller1915- ；この戯曲1949（映画57）は代表作．

第15章　トイレットペーパーの変遷

（1）rollに「尻」「性交」の俗義をのせる辞書がある．なお，章題原文"Paper Work"は「書類仕事」だが，著者は，「紙製品」とか，「紙でする仕事」とかの意味をもたせているのだろう）．

(2) 後始末には,指からはじまり,自然物,加工品,そして工業製品の紙まで計14種が世界で使用されている［西岡］.日本でも,新聞紙が使用されていたのは「そう昔のことでは」なく,「今ふうのトイレットペーパーが,……生産されるようになったのは,大正時代から」である［平田①］.なお,上の14種のほかに,地域により自力他力のものを加える人がいるだろう.

(3) 第4代（第1章訳注4）.『息子への手紙』1774は18世紀の英文学古典で,貴族子弟への処世訓として有名だった.「395通!」もあり［松村ほか］,「書簡集は二通り」,庶子あて1771と養子あて1890があるほか,竹内均訳（3種）のように「ハウツーものとして縮約・編集されたものがある」［織田元子『ステッキと山高帽』勁草書房1999］.

(4) necessaryだけで「便所」を意味する方言（?）もある.なお,本文引用文中の"the call of nature（自然の呼び声）"は"nature calls（自然が呼んでいる）"とともに生理的要求の婉曲表現.

(5) ローマの詩人,風刺作家65-8B. C.

(6) 「下水を意味するクロアーカ［ラテン語］は清潔にするのが仕事のローマの女神クロアーキナに由来……」［鯖田②］.田中秀央『羅和辞典』ではCloacinaは女神ヴィーナスの渾名とされ,英語でも「下水道」,さらには「屋外便所」の意をもっ

ている．ローマには大下水道「クロアーカ・マーキシマ」が残っている（鯖田の写真）．

補注1．★最初にW. C. をつくったローマ人「本格的に水洗便所を設備した最初の民族」ローマ人の便所（と便器）は4種類——ラサナ（椅子式便器で金銀製の受け皿もあった），ガストラ（道端に置かれた衆人用の壺），クロアキナ（公衆便所），ラトリナ（私用便所）で，「後の二者は水洗式と考えられ……，クロアキナはクロアカ（cloaca）即ち浄水道［「下水道」の誤り］から，ラトリナはラヴァトリナ（lavatrina）即ち水洗槽から転化した名称である」［大熊監修：藤島亥治郎論文］．ローマ人の植民地ロンディニュウム（1紀中期-5世紀初期）から始まったロンドンにも，その浴場遺跡がある［ファーマン］のだから，水洗便所もあっただろう．

(7) 便所の第2用途に読書をあげる資料はおおい．

補注2．★便所は読書に好適とする資料例　①「トイレの利用法の中で，昔から圧倒的に多いのが読書」［プラニングOM『トイレは笑う』TOTO出版1990］．②「この孤立した避難所が，"妨げられないで読書する"のに最適であると勧められると『聖グレゴリーの生涯』に記されている…［キラ］（7世紀の司祭グレゴリオスによる，4世紀のナジアンソスの聖グレゴリオスの伝記か？）．③中国の学者，欧陽脩（11世紀）は作文に最適な場所である「三上」として馬上，枕上，厠上を挙げている

[古賀].

(8) 後のBritish Tissues Ltd.（1955年Peter Dixon & Son社が吸収）[山田政美『英和商品名辞典』研究社].ミシン目が入るまでは切取り用ナイフが備えられていた[谷田].

(9) ロンドン北東部の地区（「ウォールサムストウ」は誤表記といわれる).

(10) それぞれ,スコットランド北西部の外ヘブリディーズ諸島のハリス島などで作られる重厚な手紡ぎ,手織り,手染めのツィード名；同名の英国社の高級乗用車名；石鹸,シャンプーなどの英国メーカー名.

(11) 政府各機関への文房具供給も.

補注3.★紙の硬軟と国民性 「トイレットペーパー［ロールであろう］はアメリカで1857年にジョゼフ・ケイエティーによって発明された.これはフランスでは仲々広まらず,新聞紙で同じ用が足せるのであるから前代未聞の洒落ようだとみなされた」が,19世紀末の同国医師は,「英国ではこの種の紙は常に新品であり,それが最も望ましい…….他の用途に使用されたものであるならば病原菌に汚染されていないことが肝要」とした［ゲラン］.だが,ある米国資料は,「吸水性のない紙でふくことは,イギリスでは一番好まれる方法であるが,明らかに効果のない方法である.ヨーロッパ大陸では,吸い取る方法はビデの使用によって補われており,アメリカ人は,柔らかく

吸水性のある紙でふくことによって，ちょうどその中間をいっている……．」と述べた後，「近代のトイレットペーパーの小史については」本書原本章を参照せよ，と注記［キラ］．なお，よく便器と並置されるビデbidetは，18世紀初めのフランスで生れた男女局部洗浄用だが，日本人同様に，用途を誤解している英米人は「今でもビデに対して強烈な拒否反応をしめす」［平田②］．

（12）the House of Lordsには英俗義「トイレ」もある．なお，英語throne，仏語thrône「玉座」には俗義「便器」があるのは，おおくの近世フランスの王侯が食事，謁見などの際に穴あき椅子に坐っていたことからか？（第14章補注3）

（13）イングランド東部ノーフォーク州東部にある州都，製靴中心地．同地のプロサッカー・チーム，絵画流派，テリヤ種にもその名．

（14）大会社，学校などではその名称．

補注4．★「裏書き」のさまざま　「裏書き」印刷は，硬質のトイレットペーパーがメモ用紙に化けるのを防ぐため，といわれる．「イギリスは…経済的に苦しく，紙が高い国である）．……トイレが個室なのをいいことにして，……メモ用紙として余分に紙を持ち出してしまう．そのために官庁・会社・工場・学校など……のトイレットペーパー消耗率は非常に高くなる）……大きな会社とか工場，学校などは防衛策として，……ミシ

ン目ごとに会社名や学校名を印刷してある．『キングズ・カレッジ』とか，『コダック・リミテッド』とか，政府関係は『ガバメント・プロパティ』とか，鉄道関係は『ブリティッシュ・レールウェイズ（ウェスタン・リジョン）』と方向まで表示）……学校関係のものには，…… "Now wash your hands, Please." とまで入っている」[西岡]．

（15）BBC本部は車両往来の激しい大通りのポートランド通り（摂政通(プレイス)(リージェント・ストリート)りにほぼ続いて北に伸びる）に面している．「前の交差点でBBC職員が事故に遭えば，下級の者は昇進するから，筆者は冗談に〈昇進コーナー〉と名付けた．なお，今はBBC本部のどの階でも柔らかい［トイレット］紙になっているだろう」[Kirby]．

（16）トイレットペーパーの色は，英国ではパステル調の「色とりどり」，ほかのヨーロッパ諸国では「白が主流」だが，フランスだけは「ピンクで販売がはじめられた唯一の国なので，販売されている紙の80%がピンクである」[モネスティエ；キラ書とともに必読の百科]．

第16章　さて，後継者は？……

（1）bowler（米国ではderby）とbillycockは，現代の多くの英語辞典（英英も含め）で，「山高帽」か，他方に同義とされている．本原書は，第1章初めでbowlerの称は帽子製造者の姓か

らとし，図9（写真）で2つを区別している（判然とはいえないが）．本書では，billycockは"a cross between a bowler and a top hat"，つまりクラウン（山）がbowlerよりも高いと明言している（Kirbyも同見解）．なお，「大山高帽」は辞書にない拙訳．

　補注1．★生国でも混乱の2つ　billycockとbowlerの混同は，百年もたつと，物事は曖昧になる好例である．これら両者は，ほぼ同義だが狭義では前者の山が低いとする資料［『男の服飾事典』婦人画報社］，いずれも山は丸いが，前者のつば巾（ブリム）が広いとする資料［『フェアチャイルドファッション辞典』鎌倉書房，『岩波英和大辞典』］，さらには米国から「1868年にイギリスに入ってきた」と誤記する資料［プール］まである．英国ですら両語は混同されて，山高帽誕生百周年の1950年に起源と名称について論争があったというロビンソン『山高帽の男』によれば，新型乗馬用帽子をテムズ北岸（上流階級地区がある）のロック帽子店は注文した貴族クックの名から「クック」帽と呼び，南岸ではロックのデザインで製造した帽子製造者トーマス＆ウィリアム・ボウラーの名から「ボウラー」と呼びだしたが，後者が残ったのは鉢（ボウル）に似ていたからだろう．「ビリーコック」は，ボウラー帽の仇名（注文主名ウィリアム・クックからの）とするのは誤説で，ある上流狩猟集団「ブリーズ」の被った三角帽（つまり，ブリーコック）と，帽子製造者ウィリアム・コックがコーンウォルの坑夫のために創った，「丸く丈夫

な」安全帽との2つを指した名称だった．とにかく，実用的でおしゃれ，進歩的でスポーツ向きの帽子が人気をえたのだ［こうしてロビンソンは，1910年頃まで「西洋社会と日本の隅々にまで」，時にブルジョアの象徴として流行したのち，廃れた山高帽の歴史を社会・芸術面から考察］．ヴィクトリア時代には，正装でのトップ［シルク］・ハット着用は「紳士たるものの不易の原則であり，リスペクタビリティの証し」であって，丈長のフロック・コート，モーニング・コートとはバランスがとれたが，「1840〜50年代初頭」の人気絶頂期には，「鉄道技師や警官，果ては工事人夫や羊飼いまで」着用する大流行となり，世紀の後半から末にかけて男性帽子は社会的に分化し，「インフォーマルな帽子」として登場したのが，ビリーコック（「1870年代以降……労働者の帽子として定着」）とボウラーである．そして，「紳士が高位者，目上，婦人に帽子をとる19世紀作法は20世紀にはすたれ，帽子も階級指標でなくなり，無帽も普通になった［谷田］．ついでだが，ボウラーの米国名称「ダービ」（19世紀末頃から［ロビンソン］）を，ボウラー帽を愛したダービ伯爵第14代ではなく，ダービ競馬創設者の第12代E. Stanley d1834（ボウラー帽誕生以前に死去！）の名から，と誤る辞書類もある（岩波英和大，研究社新英和大，ランダムハウス英和など）．

(2) Edward 7世の子1865-；王1910-1936．1917年（第1次大

訳注　199

戦中）王家名を Saxe-Coburg-Gotha（オーストリア系）から Windsorに改めた．

（3）フロック・コートは19世紀後期の男性昼間正礼服（第1次大戦後，準礼服だったモーニングと地位が逆転）．上流男性必備の「コートが4種類ある．モーニングコート，フロックコート，燕尾服[イヴニング・コート]，オーバーコートである」[ヒューズ]．

補注2．★平民からジェントルマンに　この章で平民出の社長，クラッパーが紳士gentlemanとされているが，下例のように，多くの書が19世紀半ばから「紳士」の概念の変化を指摘している．1832年の選挙法改正を転換点にして，英国の政治，文化の担い手は地主貴青族から振興商業・工業資本家に代り，「世紀の終わりには，中産階級の男性がすべて紳士と呼ばれ，服装と，ことば遣いと，マナー，それを支える金が紳士の条件となる，『紳士』の大衆化をもたらしたのである．」[松村ほか；佐野晃「英国の状況——小説ギャスケルとディズレイリー」]

（4）女王の夫，アルバート公の使用に由来する懐中時計用鎖「アルバート」が1860年代以降に流行し，従来のように首からさげずに「T字形の金具」をチョッキの「ボタン・ホールの内側にくぐらせてとめ」[この点はクラッパーの鎖（図1）と異なる]，他端についた懐中時計をポケットに入れていた．1829

年からオムニバス［第2章訳注6］が走り，1830年代から鉄道が実用化される［北岡ほか］と，時刻表が学校でも使われだして，時計は必需品となったが，職人気質のため，大量生産ではアメリカ，フランス，スイスに遅れをとった［谷田］．冒頭のクラッパー像を参照．

（5）総合庁舎（テムズ川ウォータルー橋北詰そば；18世紀後半建築）で，国税庁，遺言登録所，コートールド美術館などの所在地．著者が訪れた戸籍登記センター（1863-1997；ライト書では，多くの推理物訳書のように，「戸籍本庁」と訳），海軍省，王立美術院などもあった．名称は16世紀中期に邸を造った公爵名から．

（6）1946年「国民保険法」，「国民医療制度法」制定（いわゆる「揺りかごから墓場まで」の保障）により福祉国家建設が開始［今井；法律名は川北ほかによる］．本章訳注14参照．

（7）1851年国勢調査（10年毎）では，「英国民の半数が20歳以下であり，平均寿命が40歳程度であった……．1歳未満の乳幼児の死亡率はヴィクトリア朝を通じて平均1000人に154人と依然高かった」が，19世紀後半，「公衆衛生の改善や生活水準の向上による食生活の充実によって，死亡率は少しずつ低下」しだした（しかし，1911年でも「平均寿命はせいぜい53歳程度」）［谷田］．J. ロンドンが1902年に観察した『どん底の人びと』ロンドン居住区のイーストエンドでの死亡率はもっと低か

った.

(8) イングランド南東部(州都メイドストーン).

(9) 英国の食事の種類,時刻,回数は19世紀にかなり変化し,階級によっても異なっていた(例えば,1900-02年留学の漱石の,ある下宿屋では5食).

(10) 煮た豚肉の塩漬けと,英国産の味の濃厚なかび入り白色チーズ.

(11) 1851年5-10月世界最初の万国博覧会のためハイドパークに建てられたプレハブ式鉄骨ガラス張り展示場の通称.40カ国以上が出品し,半分の面積をしめた英国が産業革命と植民地獲得による繁栄を誇示し,英国初の公衆便所が登場).ここは,万博後に設計者J. パクストン(クラッパー同様に叩き上げの万能技術者)がシティのほぼ南約10キロのシデナム(SE26)の丘に移転・拡張し,教育・娯楽の新趣向(図書館,各種展示会,コンサート,花火ショウなど)を加えた大遊園施設をさす(1854年開場).王室の賓客接待などにも使用され,岩倉使節団も見物し1872,留学中の漱石も訪問(1902. 2. 10).20世紀初めから経営不振,1913年国有化,1936年全焼[谷田,松村].花火は午後11時の閉館時に上げられたようだし,夏には花火製造業者ブロックの打上げ花火が名物だった1865-というから,クリスマスにも花火があっただろう.クラッパーが晩年を過ごしたアナリー地区(第17章)はその北方であ

った.

(12) キリスト復活の祝日はキリスト教でクリスマスと並ぶ大祭日（春分後最初の満月の次の日曜日）. 復活後50日目（第7の日曜日）の「聖霊降臨の大祝日ペンタコステ」（カトリック）が英国国教会，プロテスタントでは「聖霊降臨日 Whitsun (day)」.

(13) 女中の最下級とされる雑役婦 maid of all work より下という卑下か？

(14) 本章訳注6. この制度では，政府の全経費負担で，だれもが無料で医療をうけられる［川北ほか］. この「国民健康保険が1948［ママ］年に導入されるまで，庶民は病気になっても，怪我をしても医者にかかることができずしばしばそれが死につながった」［マーロウ］.

(15) クラッパーは王立園芸協会員［クラッパー社ホームページ］.

(16) イングランド中部の西ミッドランヅ州にある英国第2の都市.

(17) 啓蒙，相互扶助，友愛促進などが目的といわれる秘密結社（の会員）. 18-19世紀，ロシアも含めヨーロッパ諸国の貴族，芸術家，実業家が入会（例えば，音楽家 W. A. モーツァルト）. 18世紀初めに同結社が誕生した町，ロンドンには「昔からフリーメーソンの会員が多かった. ……おもな活動は慈善事業で，中世のロンドンの同業組合みたいなものだった」［ラ

ザファード］．なお，クラッパー社ホームページは，評論家publicistという肩書きも開祖に献じている．

（18）英国人ウェスリーJ. Wesley1703-91が創始したメソジスト派は，産業革命期の支配政党，トーリー党（1832年からの「保守党」）の保守思想にも適合して信者が増えた［岩間］が，主力のイングランド国教会から分離していて，一般的ではなくなった．教祖は飲茶を有害とした［角山ほか］．

（19）米語「いかした」．

（20）1904年クラッパーは引退し，1907年に本社を移転したのはR. M. ウェアラムと甥のG. クラッパーで［クラッパー社ホームページ］，マールバラには作業場が残った．

（21）1世紀初期のローマ領ユダヤ総督26-36 ?．キリスト処刑の最終決定をした．

第17章　道のおわり

（1）第10章訳注1．

（2）アイルランドの詩人，劇作家W. B. Yeats1865-1939（ノーベル文学賞1923）．

（3）エルマーズエンド道路(ロード)南西方にあるベカナム葬儀場で，クラッパーが晩年暮したアナリー地区ソーンセット通り(ロード)の南隣り．

（4）ケント州東部の港市．英仏海峡でフランスに最も近い，

古来の要地．

（5）イングランド南西部のエィヴォン州都，港町．

（6）元はケント州自治区で，1965年から大ロンドン南東の地区ブロムリーに入った住宅地．前記のアナリー地区からは墓地のある地区を挟んで，ほぼ東．

（7）西欧で，昔は，汗ふき以外に贈り物としては重要な意味をもっていた（例えば，シェークスピア「オセロ」，清水）．

（8）クリケットの三柱門(ウィケット)は，柱(スタンプ)を3本立て，横木(ベイル)を2本のせたもの．図21参照．

（9）英国で1714-1811年流行の建築様式（George 1～3世1714-27, -60, -1820）．なお，移転は1907年．

（10）ライト書が，トワィフォード，ジェニングズなどとともにあげた，19世紀後半の衛生器具メーカーJ. Bolding & Co. 本書付録参照．

（11）米国の映画監督J. Losey1909-84. 1952年より英国で活躍（出国は赤狩りのためだろう）．傑作『召使』（1963）では，貴族青年とその婚約者が召使い（男女2人）にセックスと麻薬で操られるようになる．[『映画大全集』メタモル出版ほか]．このシーンはクラッパー社ホームページで見られる．

（12）以下4名が大冊 "Dictionary of National Biography"（現22巻で刊行中；Oxford University 1885-1901；国会図書館蔵）にないことからも，詩人記念隅（第13章訳注12）に碑が溢れてい

ることが窺えよう．なお，Postard 1191-1200は，当地の大修道院長．

参考文献一覧

　訳者あとがきにも触れたように，本書は，1ヴィクトリア時代人の伝記であっていわゆる専門書ではない．しかし，西欧の歴史，人物や衛生技術にある程度の知識がないと，読みとりにくい箇所があるので，公共図書館の蔵書100冊ほどを用いて訳注を作成した．従って，それらは読者に閲覧可能なものなので，すべては列挙せず，訳者が取捨選択し，研究対象になりそうな文献のみを選んだ．読者の役に立てばば，恥をさらしたに過ぎない．OED, M.-Webster Dicはもとより，在米の学友トーマス・ソングにも大変お世話になった．記して感謝の意を捧げたい．

★原則として，固有名詞，一般語句の説明（生・没年，所在など）は
　『広辞苑』第5版，
　『ランダム・ハウス英和辞書』（いずれもCD-ROM），
　『平凡社大百科事典』1985,
　『岩波・ケンブリッジ世界人名辞典』1997に拠った．
★地名の固有名詞については
　『コンサイス外国地名事典』第3版，
　『世界史大年表』山川出版社1992,

蟻川昭男編『世界地名語源辞典』[新版] 古今書院1993,
　中野尊正監修『世界地図』国際地学協会1999に,
特にロンドンの項目と英国の地名などは,
　蛭川久康ほか編『ロンドン事典』大修館書店2002,
　渡辺和幸編『ロンドン地名由来事典』鷹書房弓プレス1998,
　A. D. ミルズ編『イギリス歴史地名辞典』中村瑞松・冬木ひろみ・中林正身訳／東洋書林1996などに拠った.

　★「クラッパー社ホームページ」とは,訳者が2004年4月British Coucil（東京）で発見した現Thomas Crapper & Co.のホームページ2003を,「Kirby」は同社重役Smith Kirbyからの訳者宛私信を指す.

★その他の主な書籍
相原幸一『テムズ河―その歴史と文化』研究社出版1989
今井宏『イギリス』山川出版社2001
岩間徹『ヨーロッパの栄光』河出書房新社1990
海野弘ほか『ヨーロッパ・トイレ博物誌』INAX1988（展示
　会図録と解説）
大熊喜邦監修『近世便所考』建築知識社編（丸善）1937（平
　田純一蔵）
大野盛雄・小島麗逸編著『アジア厠考』勁草書房1994

川北稔ほか編『イギリスの歴史』有斐閣2000

北岡建次ほか編『イギリス史』3［近現代］山川出版社1991

小池滋①『ロンドン』文芸春秋1992

小池滋②『ロンドン』文春文庫1999

古賀正憲『便所の中で―微笑・哄笑・爆笑』徳間コミュニケーションズ1983

桜井正一郎『写真と文によるロンドン文学案内』大阪教育図書1984

鯖田豊之①『水道の文化―西欧と日本』新潮新書1983

鯖田豊之②『水道の文化―都市と水の文化誌』中公新書1996

清水一嘉『自転車に乗った漱石』朝日新聞社2001

角山栄『茶の世界史―緑茶の文化と紅茶の社会』中公新書1980

角山栄，川北稔ほか編『路地裏の大英帝国―イギリス都市生活史』平凡社1982

西岡秀雄『トイレットペーパーの文化誌』論創社1987

平田純一①『トイレの窓から』扶桑社1989

平田純一②『トイレットのなぜ？』講談社1996

松村昌家『水晶宮物語』リブロポート1986

松村晶家ほか編『帝国社会の諸相』（英国文化の世紀2）研究社出版1996

見市雅俊『コレラの世界史』晶文社1994

森護①『英国王と愛人たち』河出書房新社1991

森護②『英国紋章物語』河出書房新社1996

森護③『ヨーロッパの紋章―紋章学入門』河出書房新社1996

森護④『誘惑するイギリス』大修館1999

安岡章太郎編『ウィタ・フンニョアリス』講談社1980

谷田博幸『ヴィクトリア朝百貨事典』河出書房新社2001

李家正文『泰西中国―トイレット文化考』雪華社1973（飯田収贈）

A．キラ『THE BATHROOM―バス・トイレ空間の人間科学』紀谷文樹訳／TOTO出版1989

Ch．ヒバート①『ロンドン―ある都市の伝記』横山徳爾訳／朝日新聞社1997

Ch．ヒバート②『図説イギリス物語』小池滋監修・植松靖夫訳／東洋書林1998

D．プール『19世紀のロンドンはどんな匂いがしたのだろう』片岡信訳／青土社1997

E．ラザフォード『ロンドン』（上下）鈴木主税・桃山緑美子／集英社2001

F．トリスタン『ロンドン散策―イギリスの貴族階級とプロレタリア』小杉隆芳・浜本正文訳／法政大学出版局1987

F. M. ロビンソン『山高帽の男』赤塚若樹訳／水声社2002

G. ウェイトマン『図説テムズ河物語』植松靖夫訳／東洋書林1996

J. ファーマン『とびきり不埒なロンドン史』尾崎寔訳／筑摩書房2001

K. ヒューズ『19世紀イギリスの日常生活』植松靖夫訳／松柏社1999

L. ライト『風呂トイレ讃歌』高島平吾訳／晶文社1989

L. C. B. シーマン『ヴィクトリア時代のロンドン』社本時子・三ツ星堅三訳／創元社1987

M. モネスティエ『図説排泄全書』吉田春美・花輪照子訳／原書房1999

R. B. シュウォーツ『18世紀ロンドンの日常生活』玉井東助・江藤秀一訳／研究社出版1990

R. H. ゲラン『トイレの文化史』大矢タカヤス訳／筑摩書房1987

S. マーロウ『イギリスのある女中の生涯』徳岡孝夫訳／草思社1994

S. E. ラスムッセン『近代ロンドン物語』兼田啓一訳／中央公論美術出版1992

S. Halliday "The Great Stink of London-Sir Joseph Bazal-gette" ［ロンドンの大汚臭］英国1999（小林寿彦贈）

"TOTO PLUMBING FIXTURES Export Catalog '97-'98"（平田純一蔵）

訳者あとがき

はじめに

こうして,近代トイレの王様は眠りについたわけだが,読者になにかを残していたのだろうか? 昨年末,英国美術関係者500人が,「20世紀で最も影響力ある芸術作品」として,マルセル・デュシャン1887‐1968（仏）の「泉」1917を1位に選び,2位のピカソ絵画にも大差と報じ,その写真も掲げた（「東京新聞」2004. 12. 3）．デュシャン曰く,「作者が芸術と言えば,それが芸術だ.」およそ2百年も前,クラッパーが誕生した,かの謹厳,淑徳なヴィクトリア時代には考えられもしなかったことである．だが,この技術者もまた,闇に閉じこめられてきた生活「必須」の業を陽のもとに持ち出した「芸術家」であったといえよう.

以下,訳者は衛生学の専門家でないので,解説などはなく,謝辞といささか奇異な出版経緯などがある．お付き合い願えれば,幸いである.

謝辞

ゾッキ本の棚から見つけた絵入り小冊子が，なんと，英語世界での名著（衛生界だが）であり，しかも日本の出版社に拾われて，こうして世に出るまでの話は皆さんの耳を汚すに値するであろう．だが，その前に，まずは大過なく（わが願い），10冊目の訳を務めさせてくれた諸文献に感謝するのが筋であろう．

まず，原文が英語なので，訳注，参考文献一覧に列挙した英和，英英の辞書類に感謝する．次に，英語・英国や衛生学が専門でなかった訳者には，公共図書館（とくに江戸川区の）の蔵書を使用できなければ，さらなる珍文が生まれたであろう．また，衛生工学用語では，専門家（TOTO元専務で日本トイレ協会副会長）平田純一氏からの稀書貸与は貴重であった．拙訳の初期に知己の小林寿彦氏（埼玉の高校元同輩で歴史家；夫妻とも在豪でシドニー大学元教員）の協力がなければ，翻訳着手はなかっただろうし，後期にはクラッパー社のホームページと重役S. カービー氏との文通がなければ，ヴィクトリア時代の語句について，もっと不明箇所が残っただろう．そして，排泄・衛生学の専門書数冊を出していた論創社森下紀夫社長の決断がなければ，「名著」といえども，なお日本では埋もれていただろう．その他，訳注にも記しえなかった方々の協力にも深謝しながらも，機会があれば，拙訳の不備，誤解などは訂正したい．

不思議な巡り合い

さて，この邦訳誕生には奇妙な経緯があった．

まず，このカタカナ名（昔は少なかった）の訳者は，約半世紀以上も前に中国，ロシアの詩訳で世に出た者ではないか，と思われた方がいたら当たりである．学校，商社，レコード会社などで翻訳を業とし，そこでの英語は，ほぼ「媒介語」であった（他の外国語と日本語を繋ぐ外国語で，例えば，電気面でのロシア語通訳では，最新の英露・露英電気辞書が必要）．そして，「軽い」英語書は，家や旅行での「眠り薬」にした．この原書も，年に何回も入らない古本屋で，5年ほど前に購ったものだ．

当初，主人公クラッパーも，名所チェルシーも，私は皆目知らなかった（ロンドンは駆け足で2回）．長年，技術翻訳をやり，特許審査官も教えていたせいで，本文にある特許明細などに惹かれたのかもしれない．こうして，時折寝床で開かれたが，章の長短不揃いも，作者の癖の脱線や饒舌（友人によると英国人は伝記好きで，校正を手伝った姪による皮肉っぽい）も気にならなくなり，主人公の「上昇」とともに，冊子も机上へと昇っていった．産業革命後期英国の技術者で，有名な水槽開発者と判明したからである．字幕屋（NHK元職員）Sとビクター音産，NHK（ビデオと放映）によるロシア・オペラ『ボリス・

ゴドゥノフ』台詞訳盗用の裁判に私が勝ったころだろうか？

　ヴィクトリア時代の代表（平民から「ジェントルマン」への上流指向）であることは，友人小林氏の英国TV観察報告からも分かったが，「鉛管工の帝王」（ゲランの評言）の名前は，私が開く和洋文献でも目立つようになり，今日までに，なんと合計7冊を数えるに到った．その書名は次の通りである．

1. R. H. ゲラン『トイレの文化史』（大矢タカヤス訳）筑摩書房1987
2. 谷田博幸『ヴィクトリア朝百貨事典』河出書房新社2001
3. S. Halliday, The Great Stink（『大汚臭』），Sutton Pub. 1999
4. J. ファーマン『とびきり不埒なロンドン史』（尾崎寔訳）筑摩書房2001
5. 中村浩（1910-80）『ふんにょう博士一代記』論創社1983
6. A. キラ『The Bathroom―バス・トイレ空間の人間科学』紀谷文樹訳／TOTO出版1989
7. 海野弘ほか『ヨーロッパ・トイレ博物誌』INAX 1988

非専門家が読んだだけでも，これだけあるのだから，欧州近代水洗化の大開発者を，「ウォシュレット」に代表される温水洗浄便座の普及率が5割を越えたという文明先進国に紹介する価値はあろう，と愚考して，衛生関係会社に当たったが，当方が非学のせいか反応は悪く，また専門家による翻訳の動きもない（この国でのメセナ［ローマ人］の不在を嘆きたい）うちに，

私の粗稿はほぼ出来てしまった．この間，論創社から故石堂清倫推薦の力作『乃木"神話"と日清・日露』2001を刊行した中学学友嶋名正雄（伊賀在住）の次作『シベリア出兵考』（仮題）のための重要文献である，米国司令官W．グレィヴス『シベリアへの米国冒険1918‐20』1931の訳にもかかっていた．こうして，何の因果か，半世紀以上も世話になった言語へのお返しなのか，英米語2訳を抱えた私は，昨春，論創社社長に会った折に相談したところ，クラッパー本での挿し絵の有無を聞かれた覚えがある．そのうち，クラッパー伝を出せるというので，訳文と訳注を確定し始めた．この秋に期待外れの1か月緊急入院があったものの，晩秋からの編集担当者のがんばりで，やっと初春の出版に漕ぎつけられたわけである．

訳注について

翻訳の生命は，とにかく訳の正確さにある．そして，母国語の洗練や，原書の性格によっては，訳注が必要とされる．この原書は，1世紀以上昔の西欧技術者の伝記だから，その訳注が長いのは当然，と読者も了承されよう．しかも，時代も技術分野も訳者にはほとんど未知であるため，かなりの文献を読まねばならなかったことは訳注にも反映されただろう．読者に得るところがあれば，望外の幸いであるが，文献の欠如，誤解などがあれば，叱責されたい．

訳注に技術的要素がかなりつよいのは，著作も編集・講演の経験も豊かな，私の衛生技術相談役の平田純一氏（前述）が，「この書は，日本での英国衛生設備史の貴重な紹介になるから，専門家用に技術訳注がいる」と明言されたからである．技術翻訳を業とし，いくつかの西欧語を学んだ訳者は本文，挿し絵に助けられ，学友の協力も得て万全を期したつもりである．識者が過不足を補い，さらに進歩されることを祈りたい．

　翻訳過程での文献の利用は，3年以上で百点あまり．あくまでも本文と訳注に共通する参考文献一覧を作成するに止めた．賢明な読者諸氏にはこれで十分であろうと期待する．

　一言しておけば，図版入り文献は楽しく（とくに技術図解），記憶をたどると，19世紀英国については谷田書，衛生・排泄については訳書ではライト書（英），キラ書（米）など，そしてアジアと歴史も加わった邦書として大熊監修書，李家書（前者は入手困難，後者は多作），公共処理の鯖田書などが図版とともに思い出される．

　なお，原題は "Flushed with Pride" で，近代の水洗トイレが「見事に流され」，主人公が「誇りで得意になって」──と，技術，社会の両面での成功を匂わせた妙題だが，編集者とも相談して，邦題はもっと端的なものにした．幸い，付録に述べたように，クラッパー社は再興された．今後は，本書翻訳の最中に偶然入手した，当時のロンドン事業局技師長バザルジェットの伝記

"The Great Stink"（図版も豊富）の邦訳出版を切望したい．

　この珍書を刊行してくれた論創社森下紀夫社長と，リハビリ中の老訳者を叱咤しつつも，そのわがままを許し厚遇した赤塚成人編集者に深謝する．

懐かしい母もいた平井の寓居にて　　　　　　　2005年1月末日
　　　　　　　　　　　　　　　　　　　　　　ウサミナオキ

【著者略歴】
ウォレス・レイバーン（Wallace Reyburn）
1913年英国生まれ。作家。小説6編、戦記2編、スポーツ物語（主にラグビー）12編のほかに伝記、論考、ユーモア物などを執筆。本書が初の邦訳となる。第2次世界大戦従軍時、フランス北部の町ディエップ奪還の功績が称えられ、女王陛下より O.B.E（大英帝国四等勲士章）を授与された。2001年没（享年87歳）。

【訳者略歴】
ウサミナオキ
1928年東京生まれ。翻訳家。8-17歳まで大連に在住。1953年東京大学文学部（旧制）修了。埼玉県立高校、商社勤務を経て、音楽関係、技術文献の翻訳（英独仏露語）に従事。1973-92年通産省特許庁工業所有権研修所講師（英仏露語）。1982-88年都立工業高専講師（英語）。主な訳書に、世界抵抗詩選『イリッチ・レーニン―マヤコフスキー詩集』（共編）、マヤコーフスキー『叙事詩ウラジーミル　イリイチ　レーニン』（以上、大月書店）、タンスキー『ロシア秘密警察』（宇島正樹名義、サンケイ出版）、コワリョフ『ロシア音楽の原点――ボルトニャンスキーの生涯』（新読書社）など。ほかにロシア歌曲のディスク翻訳多数。

FLUSHED WITH PRIDE - The Story of THOMAS CRAPPER
by Wallace Reyburn
Copyright © 1969 by Macdonald and Company (Publishers) Ltd.

トイレになった男——衛生技師トーマス・クラッパー物語

2005年3月10日　初版第1刷印刷
2005年3月20日　初版第1刷発行

著者　ウォレス・レイバーン

訳者　ウサミナオキ©

発行者　森下紀夫

発行所　論創社

東京都千代田区神田神保町2-23
振替口座　00160-1-155266　電話03 (3264) 5254
装幀　野村浩（N/T WORKS）　カバーイラスト　玉村幸子
ISBN4-8460-0554-2　2005 Printed in Japan　印刷・製本　中央精版印刷
TOTOのロゴマークは東陶機器の登録商標であり、
本書では同社の許諾を得て使用しています。

論創社●尿療法の本

生命の水——奇跡の尿療法
J. W. アームストロング

尿療法の歴史から始まって尿の哲学的考察にいたり、尿を飲めばすべての病気を治せることを豊富な例を挙げて説明する。イギリス自然療法論者の書いた尿療法の古典。化学薬物はもちろん、漢方薬もまったく使用いない、自然治癒力増強による医療。解説：中尾良一〔寺田鴻訳〕

本体1500円

アマロリ——フランス版尿療法のすすめ
ドクター・ソレイユ

クリスチャン・タル・シャラー博士率いる医師や研究者からなるチーム"ドクター・ソレイユ"（太陽先生）によって編まれた、フランス版尿療法の指南書。人類最古の健康法によって西洋医学の隆盛の影に忘れ去られた自然治癒力を蘇らせ、健康の自己管理を提唱する。〔伊藤桂子訳〕

本体1800円